Lost & Dark Places
Rhein-Main und Frankfurt

Herzogin-Pauline-Mausoleum auf dem Alten Friedhof Wiesbaden (Kapitel 29)

Cornelia Lohs

Lost & Dark Places
RHEIN-MAIN & FRANKFURT

33 vergessene, verlassene und unheimliche Orte

BRUCKMANN

↑ Henry Jäger, der bekannteste Gangster der Nachkriegsjahre, wurde später zum Bestsellerautor (Kapitel 5).
↓ Auf Burg Hayn spukt der Geist von Anna von Falkenstein (Kapitel 19).
↘ Klosterruine St. Wolfgang im Bulauwald (Kapitel 21).

INHALT

33 LOST & DARK PLACES

↑ In den Mainzer Unterwelten stößt man mitunter auf Kurioses (Kapitel 30).
↗ Einstiges Versteck des Wilderers Heinrich Anton Leichtweiß im Nerotal (Kapitel 28).

VORWORT

Lost Places, Orte, die oder deren Geschichte im Lauf der Jahrzehnte und Jahrhunderte in Vergessenheit geraten ist, finden sich im Rhein-Main-Gebiet, das den Süden Hessens und Teile der angrenzenden Länder Rheinland-Pfalz (Rheinhessen) und Bayern (Unterfranken) umfasst, zuhauf. So wie die alte Opel-Rennbahn bei Rüsselsheim, die Berger Warte im Frankfurter Stadtteil Bergen-Enkheim oder das Bernd-Rosemeyer-Denkmal an der A5. Bei meiner Recherche bin ich jedoch auch auf Dark Places gestoßen, von denen ich bis dahin nie etwas gehört hatte. Wie das KZ-Außenlager in Mörfelden-Walldorf, in dem 1944 rund 1700 jüdische Mädchen und Frauen aus Ungarn unter un-

Cimitero di Guerra Italiano in Frankfurt – letzte Ruhestätte italienischer Kriegsopfer (Kapitel 14)

menschlichen Bedingungen interniert waren und als Zwangsarbeiterinnen beim Ausbau des Frankfurter Flughafens eingesetzt wurden. Auch von den grausamen Lynchmorden an sechs amerikanischen Fliegern in Rüsselsheim am 26. August 1944 wusste ich nichts. Dort, wo ein wütender Mob die jungen Amerikaner totschlug, steht ein Mahnmal mit ihren Fotos. Industrieruinen und verlassene Gebäude finden Sie im Buch nicht – meist aus dem Grund, weil es keine Fotogenehmigung gab oder sich das entsprechende Gelände in Privatbesitz befindet und nicht betreten werden darf. Dafür begegnen Ihnen unterirdische Gänge und Gewölbe, ein Atomschutzbunker aus der Zeit des Kalten Krieges, Totenköpfe und Knochen, vergessene Denkmäler und Friedhöfe, ein Geist, eine Burg, die mit einem Monster in Verbindung gebracht wird, und andere spannende Orte. Leben Sie im Rhein-Main-Gebiet? Vielleicht bieten die 33 Orte Ihnen Inspiration, Ihre Heimat einmal auf eine ganz neue Weise kennenzulernen.

Im Atombunker Ilbenstadt
(Kapitel 16)

VERHALTENSREGELN FÜR LOST PLACES

1. Behandeln Sie die Orte mit Respekt

Jedes Bauwerk und jedes Gebäude erzählen eine Geschichte aus vergangenen Tagen. Dies gilt es zu schützen. Und auch wenn es teilweise nicht so aussieht, aber jeder dieser Lost Places hat einen Eigentümer. Das sollte respektiert werden. Das beinhaltet vor allen Dingen, dass nichts zerstört oder gewaltsam geöffnet wird. Sind Fenster oder Türen verschlossen, sollte das auch so bleiben. Gehen Sie respektvoll mit dem Ort um.

2. Nehmen Sie nichts mit, lassen Sie nichts da

Wenn Sie etwas von einem Lost Place mitnehmen, und sei es noch so klein, ist es Diebstahl. Wie bereits in Punkt 1 gesagt, alle diese Orte haben einen Eigentümer. Daher gilt die Regel: Alles bleibt, wie es ist. Belassen Sie es bei den schönen Einblicken und Fotos, die Sie an dem Ort machen. Gleiches gilt auch umgekehrt: Lassen Sie nichts liegen. Keine Essensreste, keine Kaugummis, keine Kippenstummel.

3. Rauchen verboten

Das bringt uns zum nächsten Punkt: Rauchen verboten. Zollen Sie dem ehrwürdigen Ort Respekt und verzichten Sie für die Zeit, die Sie da sind, aufs Rauchen. Kippenstummel brauchen nicht nur 15 Jahre zum Verrotten (sie sollten übrigens nirgends achtlos weggeworfen werden), sondern können auch schnell ein Feuer verursachen.

4. Keine Graffiti

Dass Sie nichts hinterlassen sollen, gilt auch für Kunstwerke an den Wänden. Man sprüht einfach nicht auf fremdes Eigentum, sei es noch so schön. Lassen Sie die Wände wie sie sind, sodass auch noch Menschen nach Ihnen den Ort so erleben können, wie er früher einmal war.

5. Seien Sie vorsichtig

Vorsicht ist besser als Nachsicht. Das gilt vor allem bei Lost Places. Marodes Holz, verrostete Geländer, einsturzgefährdete Decken, lockere Böden (teilweise befinden sich noch Kellergeschosse darunter), eingeschlagene Fenster – die Liste der Gefahren solcher Orte ist lang. Seien Sie daher immer wachsam. Begeben Sie sich niemals in Gefahr für das eine Foto. Das ist es nicht wert. Treppen und obere Etagen sind eine gängige Gefahrenquelle. Schauen Sie sich den Zustand der Treppe und der Decke genau an. Nehmen Sie auch eine Taschenlampe für dunkle Räume und Keller mit.

6. Gehen Sie nicht allein

Es ist ratsam, immer mindestens zu zweit, besser noch zu dritt einen Lost Place zu be-

Begrüntes Schiffswrack in Frankfurt-Niederrad (Kapitel 12)

Beinhaus der Oppenheimer Michaelskapelle (Kapitel 33)

suchen. Da gilt die alte Regel: Ist eine Person verletzt, bleibt die zweite vor Ort und die dritte holt Hilfe. Zudem weiß man nie, wen man vor Ort trifft. Plünderer, Spinner und betrunkene Jugendliche sind auch oft in Lost Places anzutreffen. Da ist es beruhigender, nicht allein unterwegs zu sein.

7. Erregen Sie kein Aufsehen

Da viele Lost Places in Privatbesitz sind, gilt hier »Betreten verboten«. Auch, wenn das Tor angelweit aufsteht oder ein riesiges Loch im Zaun ist. An Orten, an denen das Zugangsrecht nicht ganz klar ist, ist es ratsam, sein Auto nicht direkt vor dem Gelände zu parken. Schauen Sie beim Betreten des Geländes auch immer, dass Sie niemand sieht. So vermeiden Sie unerwünschte Begegnungen und mögliche Konfrontationen mit der Polizei.

Ausrüstung

Wir empfehlen Folgendes:

- Festes Schuhwerk, hohe Socken (Schutz vor Zecken)
- Reißfeste Kleidung, ggf. leichte Regenjacke
- Kamera inkl. Zusatzakku, Speicherkarten, Stativ
- Proviant und Getränke (nehmen Sie aber alles wieder mit)
- Kopf- oder Stirnlampe für freie Hände
- Taschenlampe mit weitem Winkel für Keller und dunkle Räume
- Taschenmesser
- Aufgeladenes Handy (ggf. Powerbank)
- Notizblock und Stift
- Pflaster und Taschentücher
- Mücken- und Zeckenspray

Skulptur an der Ruine der Stadtkapelle Darmstadt (Kapitel 23)

Auf Parzivals Spuren in der Burgruine Wildenberg (Kapitel 27)

1

RUHESTÄTTE DES ROSINENBOMBERS

Luftbrückendenkmal auf der ehemaligen Rhein-Main Air Base

Während der Blockade West-Berlins durch die Sowjetunion 1948/49 starteten vom einstigen Flugstützpunkt der US Army mehrere tausend Flüge zum Flughafen Tempelhof, um die West-Berliner Bevölkerung mit dem Nötigsten zu versorgen.

Am Luftbrückendenkmal **Ort** 60549 Frankfurt **GPS** 50.0335188, 8.5897005, **Anfahrt** S9 ab Frankfurt Hauptbahnhof bis Gateway Gardens, umsteigen in Bus X77 bis Elly-Beinhorn-Straße, dann ca. 100 m Fußweg bis »Am Luftbrückendenkmal«

Originalflugzeug aus der Zeit der Berliner Blockade

Die drei Streben des Denkmals symbolisieren Luftkorridore.

VIERSEKTORENSTADT Berlin war nach dem Zweiten Weltkrieg in vier Sektoren eingeteilt. Den südwestlichen Teil der Stadt kontrollierten die Amerikaner, den westlichen die Briten und den nordwestlichen die Franzosen. Der gesamte Ostteil Berlins wurde von den Russen verwaltet. Die Stadt selbst war komplett von der sowjetischen Besatzungszone (später DDR) umgeben. Der größte Teil der Lebensmittel und Gebrauchsgüter für West-Berlin wurde mit Zügen und Lastkraftwagen aus den westlichen Besatzungszonen herangeschafft. Dazu musste der Güter- und Personenverkehr durch den sowjetisch besetzten Teil fahren. Als die Aufteilung Berlins auf der Konferenz in Jalta in vier Sektoren beschlossen wurde, hatte man es versäumt, Regelungen bezüglich der Verkehrswege zwischen den West-Sektoren und West-Zonen festzulegen. Später gab es nur mündliche Zusagen seitens der Sowjetunion. So kam es ständig zu Querelen. Ab Januar 1948 schränkte die SMAD (Sowjetische Militäradministration in Deutschland) immer wieder den Güter- und Personenverkehr vom Westen in die von den USA, Frankreich und Großbritannien kontrollierten Sektoren ein.

DER AFFRONT Zu einer ersten Zuspitzung kam es, als die Russen ab dem 1. April 1948 ein paar Straßen sowie eine Brücke über die Elbe bei Magdeburg für Transporte nach West-Berlin blockierten. Um ihre Truppen in Berlin zu versorgen, reagierten die Amerikaner und Briten ab dem 3. April mit einer dreitägigen Luftbrücke. Als die West-Alliierten gegen den Willen der Sowjetunion im Juni 1948 die D-Mark einführten, drohte die sowjetische Militäradministration mit Sanktionen. Sie fürchtete, dass West-Berliner ihre nun wertlos gewordenen Reichsmarkbestände in größeren Mengen nach Ostdeutschland bringen und eine Inflation verursachen würden. So kam es vier Tage nach der westdeutschen Währungsreform auch im Osten zu einer Geldreform, zur Einführung der Ostmark. Diese wiederum hatte keine Gültigkeit in West-Berlin – ein Affront aus

Sicht der Russen und ein Schritt zu einer weiteren Spaltung Deutschlands.

DIE BLOCKADE Kurz vor Mitternacht des 23. Juni stellte die SMAD den Berliner Westsektoren den Strom ab. Gegen 6 Uhr morgens wurden der Güter- und Personen- sowie der Schienenverkehr aus den westlichen Besatzungszonen nach West-Berlin unterbrochen. Offiziell aufgrund »technischer Störungen«. Wenig später sperrten Patrouillenboote sämtliche Wasserwege. Einzig der Personen- und Güterverkehr zum Ostsektor und in die SBZ war nicht von der Blockade betroffen. Die SMAD verlautbarte, dass sie keine Lebensmittelversorgung für die Westsektoren aus der SZB und dem Ostsektor leisten würde. Das kam einer Katastrophe gleich, denn West-Berlin war komplett von der Außenversorgung abhängig – 75 Prozent seiner Lebensmittel und Alltagsgüter kamen aus dem Westen. Für die West-Alliierten war klar: Die Sowjets wollten West-Berlin aushungern, um sie zur Aufgabe der Stadt zu

Einer der beiden Rosinenbomber

zwingen. Die dachten jedoch nicht daran und antworteten mit einer gigantischen Luftbrücke – immerhin standen ihnen drei Luftkorridore zur Verfügung. Initiiert wurde die Aktion von General Lucius D. Clay, dem Militär-Gouverneur der amerikanischen Besatzungszone. Clay, damals im Hauptquartier der US Army Europe in Frankfurt, ahnte, wie Moskau reagieren würde.

JACK BENNETT Schon Stunden vor der Blockade beauftragte Clay Jack Bennett, Chefpilot und Leiter der Frankfurter Niederlassung der American Overseas Airlines, eine mit Kartoffeln beladene Maschine nach West-Berlin zu fliegen. »General Clay nannte es einen Luftbrückenflug«, sagte Bennett Jahrzehnte später in einem Interview. Er wunderte sich, was Clay mit einer Luftbrücke (airlift) meinte, da es eine solche nicht gäbe. Clay antwortete, dass Bennett den ersten »airlift trip« fliegen würde. Auf die Frage Bennetts, warum er nicht die Maschinen der Air Force nehmen würde, antwortete Clay:

»Wir haben keine, also müssen Sie und Ihre Piloten fliegen, bis wir unsere Flugzeuge hier haben und Präsident Truman grünes Licht gibt.« Die amerikanische Luftwaffe in Europa (USAFE) verfügte damals zwar europaweit über 485 Flugzeuge, die aber nicht von heute auf morgen ohne das Okay aus Washington mobilisiert werden konnten. So startete Bennett am 23. Juni um 20 Uhr mit seiner Douglas DC-4 von Frankfurt aus zum ersten Luftbrückenflug nach West-Berlin. Insgesamt absolvierte er während der Zeit der Luftbrücke 650 Versorgungsflüge.

DIE LUFTBRÜCKE Offiziell begann die »Operation Vittles« (*vittles* = Proviant) am 26. Juni 1948. Von der Rhein-Main Air Base und dem Wiesbaden US Army Airfield starteten die amerikanische Luftwaffe sowie Bennett und seine Piloten im Minutentakt zum Flughafen Tempelhof in West-Berlin. 32 Flüge waren es am ersten Tag. Die britische Luftwaffe startete ihre Flüge aus England. Die Flugzeuge wurden blitzschnell entladen und hoben wieder ab. Täglich gelangten auf diese Weise in den Anfangstagen um die 600 Tonnen Hilfsgüter nach West-Berlin. Als ab dem 1. Juli mehrere hundert Flugzeuge der Air Force aus den USA an der Rhein-Main Air Base eintrafen, konnte die Fracht auf über 5000 Tonnen täglich gesteigert werden. Unter den Hilfsgütern waren Mehl, Trockennahrung, Dosenfleisch, Medizin, Kleidung, Steinkohle, Braunkohle, Motoröl, Benzin und alles, was die damals 2,3 Millionen Menschen in West-Berlin zum Überleben brauchten.

Legendäres Relikt aus den Nachkriegsjahren

DER ROSINENBOMBER Dass die Versorgungsflieger Rosinenbomber genannt wurden, ist Gail Halverson zu verdanken. Der junge amerikanische Offizier war der erste Pilot, der Süßigkeiten an kleinen, aus Taschentüchern gebastelten Fallschirmen befestigte und an wartende Kinder abwarf. Der Kommandeur der Luftbrücke, Generalleutnant William H. Tunner, fand die Idee genial, verpasste ihr den Namen »Little Operation Vittles« und stellte Halverson und seiner Crew 425 Kilogramm Süßigkeiten täglich zur Verfügung. »Candy Bombers« (candy – Süßigkeiten) nannten die Amerikaner die Rosinenbomber. Als die Sowjets merkten, dass sie mit ihrer Blockade nichts erreichten, hoben sie diese am 12. Mai 1949 auf. Die Luftbrücke wurde dennoch bis zum 30. September 1949 fortgesetzt. An diesem Tag landete das letzte amerikanische Flugzeug, eine Douglas C-54, mit über 2 Tonnen Steinkohle in West-Berlin.

Laut USAFE betrug die Gesamtzahl der Flüge während der Luftbrücke 277 569, der britische Anteil lag bei 87 606 Flügen. In dieser Zeit wurden mehr als 2 Millionen Tonnen Lebensmittel und Güter nach West-Berlin geflogen. 70 Amerikaner und Briten ließen dabei ihr Leben.

DAS DENKMAL Das »Airlift Memorial« am Ostrand des Frankfurter Flughafens erinnert an die bis heute größte humanitäre Luftoperation. Es wurde im Juni 1985 auf Initiative des deutsch-amerikanischen Vereins »Luftbruecke Chapter of the Airlift Tanker Association« aufgestellt. Die drei Streben des Denkmals symbolisieren die drei Luftkorridore, über die West-Berlin während der Blockade mit lebenswichtigen Gütern versorgt wurde. Neben dem Denkmal stehen eine Douglas C-47 und eine Douglas C-54 – Originalflugzeuge aus der Zeit der Berliner Luftbrücke.

Das besondere Erlebnis

Haben Sie Lust, startende und landende Flugzeuge zu beobachten? Das können Sie am Aussichtspunkt Ost beim Luftbrückendenkmal!

Zitat einer Zeitzeugin auf einem Gebäudeteil

2

ERSTE STATION AUF DEM WEG IN DIE HÖLLE

Erinnerungsstätte an der Großmarkthalle

Ab 1941 nutzte die Gestapo den Keller der Großmarkthalle als Sammelplatz für die Deportation jüdischer Bürger aus Frankfurt und dem Rhein-Main-Gebiet in die Konzentrations- und Vernichtungslager im Osten. Heute ist der einstige Ort des Terrors eine Gedenkstätte.

Philipp-Holzmann-Weg **Ort** 60314 Frankfurt **GPS** 50.1097114, 8.7055224
Anfahrt Tram 11, U6 bis Ostbahnhof, dann ca. 400 Meter Fußweg

DER SAMMELPLATZ »Die jüdischen Menschen mit dem gelben Stern auf der Brust liefen unter Bewachung in Vierer- oder Fünferreihen in Richtung Großmarkthalle. Der Zug war etwa 50 Meter lang. Es waren Familien mit Kindern, die ihre Köfferchen oder anderes Kleingepäck dabeihatten. An allen Seiten liefen bewaffnete Uniformierte«, so ein Zitat von Frieda und Ruth Sitzmann aus dem Jahr 2006. Es ist eines von vielen Zitaten von Deportierten und Beobachtern der Deportationen, die in den Boden, an Wandflächen und einer Glasscheibe auf dem Areal der Erinnerungsstätte eingelassen sind.
Eine Rampe führt hinab in den Keller der Großmarkthalle, zwischen 1941 und 1945 ein Ort des Grauens. Hier wurden die Menschen registriert und körperlich untersucht. Frauen und junge Mädchen mussten sich unter den Blicken von SA- und SS-Männern entwürdigenden Leibesvisitationen unterziehen, bei denen es nicht selten zu sexuellen Übergriffen kam. Fand die Gestapo bei jemandem mehr als die erlaubten 50 Kilogramm Gepäck, hagelte es übelste Beschimpfungen, Schläge und Fußtritte. Unerlaubt mitgeführte Wertgegenstände mussten dem Finanzamt übergeben werden, das heißt, der oder die Betroffene musste vor Ort eine entsprechende Erklärung unterschreiben. Als letzte Schikane wurden den Menschen 50 Reichsmark für die Fahrkarte in den Tod abgeknöpft. Zusammengepfercht wie Vieh verbrachten die Männer, Frauen und Kinder die Nacht in einer kleinen Lagerhalle, bevor sie am Morgen zu den Gleisen getrieben wurden.

DIE DEPORTATIONEN Dass die Wahl der NSDAP-Gauleitung und Gestapo auf den Keller der Großmarkthalle als Sammelplatz fiel, hatte verkehrstechnische Gründe. Der Ort lag sowohl nahe der Innenstadt als auch günstig zwischen Hafenbahn und Ostbahn-

Schienenverlauf vor der Großmarkthalle

hof – Gleise befanden sich direkt vor der Halle. Die Deportationen fanden parallel zum Marktgeschehen statt. »Als ich morgens ins Büro kam, standen auf den Gleisen weiter draußen geschlossene Waggons, die von der Gestapo bewacht wurden. Das alles hat sich mehrmals wiederholt. Und nicht nur ich wusste, was da geschah, viele wussten es«, so die in den Boden eingelassenen Worte einer Sekretärin, die damals in der Großmarkthalle arbeitete.

Der erste Deportationszug verließ den Bahnhof Großmarkthalle am 19. Oktober 1941 mit 1180 Menschen. Ziel war das Getto Litzmannstadt im polnischen Lodz, das als Zwischenstation vor der Deportation in die Vernichtungslager diente. In den kommenden elf Monaten wurden bei zehn Massendeportationen fast 10 000 Menschen mit Güterzügen in Konzentrations- und Vernichtungslager in Minsk, Kaunas, Majdanek, Theresienstadt und Raasiku verschleppt. Der letzte

Auch bei Sonnenschein wirkt dieser Brückendurchgang düster.

Zug rollte am 15. März 1945 vom Bahnhof Großmarkthalle. Nach heutigem Wissen überlebten nur 179 Menschen, die von hier aus deportiert wurden.

Die Namen von Deportierten

GROSSMARKTHALLE, EZB UND ERINNERUNGSSTÄTTE Als der gigantische Bau mit Bahnanschluss am rechten Mainufer im Oktober 1928 eingeweiht wurde, war er mit 220 Metern Länge, 50 Metern Breite und stellenweise bis zu 23 Metern Höhe der größte Gebäudekomplex Frankfurts. Der Großmarkt wurde 2004 geschlossen und das Areal im Jahr darauf an die Europäische Zentralbank (EZB) übergeben, die dort ihren Hauptsitz errichtete. Zwischen 2010 und 2014 entstand der Neubau der EZB, in den das denkmalgeschützte Gebäude der Großmarkthalle integriert wurde. Die Erinnerungsstätte wurde am 22. November 2015 eröffnet. Mit Zitaten von Opfern und Zeitzeugen beschreibt sie den Weg, über den die jüdischen Männer, Frauen und Kinder zur Großmarkthalle getrieben wurden – vom unfreiwilligen Verlassen der Wohnung bis zur Deportation. Der Weg führt von der Sonnemannstraße über eine von zwei Betonwänden flankierte Rampe in den weitgehend im Originalzustand erhaltenen Keller und endet am ehemaligen Gleisfeld. Da sich der Keller auf dem Areal der EZB befindet, ist dieser nur im Rahmen einer Führung zugänglich.

Das besondere Erlebnis

Führung durch den Keller der Großmarkthalle, der als Sammelplatz für die Deportationen genutzt wurde. Infos und Termine: www.juedischesmuseum.de.

3

DAS GRAB VON ANSELM VON FEUERBACH

Giftmordgerücht um den Strafrechtler

Der Jurist Johann Paul Anselm Ritter von Feuerbach (1775–1833) begründete die wissenschaftliche Kriminalpsychologie und die moderne deutsche Strafrechtslehre. Und er war Obervormund von Kaspar Hauser. Kostete ihn der Einsatz für Europas berühmtestes Findelkind sein Leben?

Frankfurter Hauptfriedhof, Eckenheimer Landstraße **Ort** 60320 Frankfurt **GPS** 50.1327675, 8.6858522 **Anfahrt** Mit der U5 ab Hauptbahnhof (Richtung Preungesheim) bis Haltestelle Hauptfriedhof. Nach dem Eingang rechts an der Mauer entlang bis zum Gewann C. Das Grab »An der Mauer 105« liegt direkt an der Mauer.

Das Grab eines der bedeutendsten Juristen seiner Zeit ist ziemlich unscheinbar.

Monumentales Grabmal auf dem Frankfurter Hauptfriedhof

DAS UNSCHEINBARE GRAB Fast übersieht man die graue, von Efeu umrankte Grabplatte. Die eingravierten Buchstaben sind kaum mehr zu erkennen. Nur mühsam lässt sich der Name Feuerbach entziffern. Hinter dem Grab ragt ein sandsteinfarbener Grabstein an der Mauer empor, der die Namen Johann Leonhard Ruland und Rebekka Magdalena Ruland, geb. Feuerbach trägt. Schwager und Schwester des berühmten Rechtsgelehrten. Die Jahreszahl 1830 darunter irritiert – Feuerbachs Schwester starb erst 1849. Aber vielleicht bezieht sich die Zahl auf ihren Gatten, der ein paar Jahre vor ihr dahinschied. Der Frankfurter Hauptfriedhof wurde 1828 eröffnet. Damals zählte Frankfurt weniger als 50 000 Einwohner und der Friedhof maß keine 18 Hektar. Heute umfasst seine Fläche fast das Vierfache. Das Gewann C entlang der alten Friedhofsmauer, wo Feuerbachs Grab liegt, gehört zu den vier ältesten Belegungsflächen des Friedhofs.

KEINE STRAFE OHNE GESETZ *Nullum crimen, nulla poena sine lege* war der wesentliche Leitsatz des Johann Paul Anselm von Feuerbach. Als Sohn eines Advokaten wurde ihm seine zukünftige Laufbahn bereits in die Wiege gelegt. Nach seinem Jura- und Philosophiestudium an der Universität Jena promovierte er 1799 zum Doktor der Rechte und erhielt zwei Jahre später eine außerordentliche Professur. 1801 erschien sein »Lehrbuch des gemeinen, in Deutschland geltenden peinlichen Rechts« in dem er darlegte, dass nicht erst die Strafvollstreckung, sondern bereits die Strafandrohung potenzielle Straftäter davon abschreckte, Straftaten zu begehen. Nach Stationen in Kiel und Landshut gab er seine akademische Lehrtätigkeit 1805 zugunsten einer Stelle als »Geheimer Referendar« im Ministerialjustiz- und Polizeidepartement München auf. Im Jahr 1808 erhielt Feuerbach den königlichen Zivilverdienstorden, der das Adelsprädikat

»Ritter von« mit sich brachte, und wurde im gleichen Jahr zum »Wirklichen Geheimen Rat« ernannt. Als solcher entwarf er das »Strafgesetzbuch für das Königreich Bayern«, das eine Humanisierung der Strafpraxis und die Abschaffung der Folter mit sich brachte und im Mai 1813 in Kraft trat. Feuerbachs bereits 1801 beschriebener Grundsatz »keine Strafe ohne Gesetz« wurde zu einem der Kernelemente des Rechtsstaats und machte ihn zum Begründer der modernen deutschen Strafrechtslehre. Der Rechtsgelehrte wurde 1814 zum zweiten Präsidenten des Appellationsgerichts in Bamberg ernannt, drei Jahre später erfolgte die Beförderung zum ersten Präsidenten des Appellationsgerichts für den Rezatkreis in Ansbach und 1821 zum »Wirklichen Staatsrat«.

DER FALL KASPAR HAUSER Am Pfingstmontag 1828 tauchte auf dem Unschlittplatz in Nürnberg ein etwa 16-jähriger Junge auf, der kaum gehen konnte und nur über einen begrenzten Wortschatz verfügte. »Er schien zu hören, ohne zu verstehen, zu sehen, ohne etwas zu bemerken, sich mit den Füßen zu bewegen, ohne sie zum Gehen gebrauchen zu können«, schrieb 1832 Feuerbach in seinem Buch »Kaspar Hauser, Beispiel eines Verbrechens am Seelenleben des Menschen«. Der Junge hatte zwei Briefe bei sich, wovon einer an einen Rittmeister in Nürnberg gerichtet war mit der Bitte, den Bub, der ein Findelkind sei, als Stallburschen zu beschäftigen. Man brachte ihn zur Polizeiwache, wo er den Namen Kaspar Hauser aufschrieb. Seine unterentwickelten Muskeln und überempfindlichen Sinnesorgane legten den Schluss nahe, dass er sein bisheriges Leben in sitzender oder halb liegender Stellung in einem dunklen Raum verbracht hatte. Wer immer ihn gefangen gehalten hatte, hatte ihm Essen gebracht, ihn gewaschen, seine Haare und Nägel geschnitten und ihn in frische Wäsche gekleidet. Kaspar selbst vermochte keine Auskunft zu diesem Jemand zu machen. Es gibt wohl niemand, der die Geschichte des Kaspar Hauser nicht kennt. Bis heute sind weltweit unzählige Bücher, mehrere Filme und Theaterstücke über ihn erschienen.

DER KLATSCH UM DEN FINDLING Bald machte das Gerücht die Runde, Hauser sei der 1812 geborene älteste Sohn des badischen Großherzogs Karl und Opfer einer Intrige geworden. Man munkelte, der Prinz sei mit einem sterbenden Baby vertauscht worden. Als Feuerbach von dem Fall um den mysteriösen Findling hörte, nahm er sich seiner an und veranlasste im Juli 1828 dessen Unterbringung im Haus des mit seinem Sohn Ludwig befreundeten Gymnasialprofessors Georg Friedrich Daumer. Nur drei Monate später wurde Kaspar Hauser im Hause Daumers mit einer blutenden Schnittwunde an der Stirn aufgefunden. Er sagte, er sei von einem maskierten Mann überfallen worden, hatte aber durch eine Falltür in den Keller flüchten können. Die polizeiliche Ermittlung verlief im Sande, die Gerüchteküche um die adlige Herkunft erhielt durch das versuchte Attentat neue Nahrung.
Feuerbach nannte die Geschichte vom vertauschten Prinzen in einem Bericht an das Bayerische Justizministerium im April 1830 eine »jedes juridisch tatsächlichen Anhaltspunktes ermangelnde romantische Sage«. Seine Meinung sollte sich jedoch ändern.

VERBRECHEN AM SEELENLEBEN DES MENSCHEN Feuerbach forschte nach der wahren Herkunft des Findlings und kam zu folgendem Schluss: »Kaspar Hauser ist das eheliche Kind fürstlicher Eltern, welches hinweggeschafft worden ist, um anderen, denen er im Weg stand, die Sukzession zu eröffnen.« Seine Schlüsse veröffentlichte er 1832 in seinem Buch. In einem zusätzlichen

Entlang dieser Wand liegt das Grab von Feuerbach.

»Memoire über Kaspar Hauser«, das er an Königin Karoline von Bayern sandte, erläuterte er, warum er glaubte, dass Hauser aus dem badischen Prinzentum entstammte. Karoline war eine Schwester des Großherzogs Karl von Baden, Kaspar Hausers vermeintlichem Vater. Feuerbach war der Ansicht, dass diejenigen, die Kaspar Hauser jahrelang gefangen gehalten hatten, ihn von woher auch immer nach Nürnberg bringen ließen, um ihn in einem Regiment als Soldat verschwinden zu lassen. Der Plan ging schief. Stattdessen wurde Kaspar zum berühmten Findling, über den Zeitungen in ganz Europa berichteten. Also plante man, ihn im Oktober 1828 zu ermorden. Was ebenfalls misslang.

IN SEINEM BUCH schreibt Feuerbach: »Bei den an Kaspar begangenen Verbrechen sind Personen beteiligt, welche über große außergewöhnliche Mittel zu gebieten haben. Dass sowohl die Aussetzung Kaspars als auch der später an ihm verübte Mordversuch in einer Stadt wie Nürnberg am hellen Tage geschehen konnte, dann aber alle Spuren des Täters auf einmal verschwanden; dass alle Nachforschungen, die seit nun beinahe drei Jahren mit dem rastlosesten Eifer, geleitet vom vereinten Scharfsinn der erfahrensten Justiz- und Polizeimänner, nach allen Richtungen hin unternommen wurden in der Art fruchtlos gewesen sind, dass kein juridisch geltend zu machender Umstand entdeckt werden konnte, welcher auf einen bestimmten Ort der Haupttat oder auf eine bestimmte Person geführt hätte; (...) dass ein auf die Entdeckung ausreichender Spuren öffentlich ausgeschriebener Preis von 1000 Gulden keine einzige befriedigende Anzeige herbeigeführt hat: alles dieses wird nur daraus erklärbar, dass mächtige und sehr reiche Personen dabei beteiligt sind. (...) Kaspar muss eine Person sein, an deren Leben oder Tod sich große Interessen knüpfen (...) deren Leben, selbst bei der entfernten Gefahr, es könne einmal ihr Stand und wahrer Name entdeckt werden, die Existenz anderer und zwar so hochbedeutender Personen bedrohte, dass er um jeden Preis, auf jede Gefahr hin, aus dem Wege geräumt werden musste. (...) Er muss eine Person hoher Geburt, fürstlichen Standes sein.«

Das efeuumrankte Grab von Feuerbach

Feuerbach nennt in seinem Buch eine Gräfin H., die einen ihrer Söhne aus morganatischer Ehe gern auf dem badischen Thron gesehen hätte. Ließ sie die Babys vertauschen? Man wird es nie wissen. Über Kaspar Hausers Herkunft wird bis heute spekuliert.

DER UNERWARTETE TOD Im Mai 1833 reiste Feuerbach mit seiner jüngsten Tochter, Leonore, zu seiner in Frankfurt lebenden Schwester Rebekka. Bei einem Ausflug nach Königstein am Pfingstmontag, dem 27. Mai, erlitt er einen Schlaganfall, was zum Verlust der Sprache führte. Auf einen Zettel soll er geschrieben haben: »Ach Gott, ich bin des Todes«. Zwei Tage später verstarb er. Schnell machte das Gerücht die Runde, er sei wegen seines Engagements für Kaspar Hauser vergiftet worden. Beweise dafür gab es keine. Johann Paul Anselm Ritter von Feuerbach, immerhin einer der bedeutendsten Juristen seiner Zeit, wurde am 31. Mai 1833 im kleinsten Kreis ohne große Würdigungen beerdigt. Er hatte zuvor den Wunsch geäußert, in Frankfurt, der Stadt, in der er aufgewachsen war, bestattet zu werden. Noch im selben Jahr starb auch Kaspar Hauser. Er wurde am 14. Dezember im Ansbacher Hofgarten niedergestochen und erlag drei Tage später seiner Verletzung. Am 20. Dezember fand Hauser unter großer Anteilnahme der Bevölkerung auf dem Ansbacher Stadtfriedhof seine letzte Ruhe. Sein Grabstein trägt eine lateinische Inschrift, die übersetzt lautet: »Hier liegt Kaspar Hauser, Rätsel seiner Zeit, unbekannt die Herkunft, geheimnisvoll der Tod 1833«.

Das besondere Erlebnis

An der Südseite des Hauptfriedhofs, in der Rat-Beil-Straße, liegt der 1828 eröffnete Jüdische Friedhof, der zu den schönsten seiner Art im Rhein-Main-Gebiet zählt. Hier befinden sich unter anderem die kunstvoll gestalteten Gräber der Bankiersfamilie Rothschild, das Grab des Nobelpreisträgers Paul Ehrlich, das der Frauenrechtlerin Bertha Pappenheim und das des Malers Moritz Oppenheimer. Unternehmen Sie eine Reise in die Vergangenheit.

Frankfurter
Hauptfriedhof

Der Peterskirchhof glänzt mit prächtigen Grabmälern.

4

»WHO IS WHO« DER FRANKFURTER

Der fast vergessene Gottesacker mitten in der City

Auf dem Peterskirchhof begegnet man illustren Namen wie denen des Bankiers Bethmann, der Industriellenfamilie Nestlé, dem Kupferstecher Merian und dem Buchdrucker Egenolff. Auch Goethes Eltern fanden hier ihre letzte Ruhestätte.

Stephanstraße **Ort** 60313 Frankfurt **GPS** 50.1169317, 8.6837562
Anfahrt Mit der U5 ab Hauptbahnhof bis Konstablerwache, dann ca. 400 Meter Fußweg

DER GESCHRUMPFTE KIRCHHOF Irgendwie wirkt er verloren inmitten der hohen Gebäude. Dass es sich hier um eine alte Begräbnisstätte handelt, sieht man erst auf den zweiten Blick. Man kann es sich kaum vorstellen, dass hier zwischen 1418 und 1828 mehr als eine halbe Million Menschen ihre letzte Ruhestätte fanden. Im ersten Viertel des 19. Jahrhunderts wurde es auf dem Peterskirchhof langsam zu eng und so entschloss sich die Stadt, einen neuen, größeren Friedhof anzulegen. Am 30. Juni 1828 fand die letzte Beerdigung auf dem Peterskirchhof statt, und schon am nächsten Tag wurde der Hauptfriedhof in der Eckenheimer Landstraße nach fast dreijähriger Bauzeit eröffnet. Mit der Totenruhe war es auf dem Peterskirchhof in den nachfolgenden Jahrzehnten dank Baulärm erst einmal vorbei. Im Jahr 1891 wurde der Neubau der Peterskirche in Angriff genommen, 1904 entstand die Stephanstraße, 1911 wurde die Liebfrauenschule gebaut und in den 1970ern die Diamantenbörse, für deren Errichtung die Südmauer mit ihren Grabmälern abgerissen wurde. Bei jedem Bau mussten Gräber weichen, was den alten Gottesacker auf ein Viertel seiner einstigen Fläche schrumpfen ließ. Nur wenige Grabmäler wurden durch das Umsetzen in den heutigen Restteil des Peterskirchhofs erhalten.

GOETHES ELTERN RUHEN GETRENNT
Das Grab der Mutter, Catharina Elisabeth Goethe, befindet sich auf dem Pausenhof der benachbarten Liebfrauenschule im Familiengrab der Textors, ihrer Eltern. Ursprünglich

Vor der Kulisse der hohen Gebäude wirkt der Friedhof verloren.

lag es an der Einfriedungsmauer des ältesten Teils des Friedhofs. Sein Vater Johann Caspar Goethe ruht 100 Meter weiter westlich an der Mauer zur Brönnerstraße im Familiengrab der Familie Walther. Cornelia Walther war die Mutter von Goethes Vater. Warum die Eltern getrennt liegen, ist nicht bekannt. Mag sein, dass es daran lag, dass Catharina Elisabeth erst 26 Jahre nach ihrem Gatten das Zeitliche segnete.

MÜLLKIPPE UND TREFFPUNKT DER DROGENDEALER Bei einem Bombenangriff 1944 brannte die Peterskirche völlig aus. Über 70 Grabsteine wurden zerstört, weitere beschädigt. Nach dem Zweiten Weltkrieg diente das Kirchhofgelände als Trümmerdeponie und wurde zur Schatztruhe für Metalldiebe. Sie entwendeten die kupfernen Wetterdächer und bronzenen Wappen von den Grabstätten und machten sie auf dem Kunstmarkt zu Geld. Der einstige evangelische Hauptfriedhof Frankfurts verfiel zusehends. In einem Zeitungsartikel wurde er 1952 als Müllkippe bezeichnet. Die Peterskirche wurde erst Anfang der 1960er-Jahre wiederaufgebaut – die Wiedereinweihung fand im Juli 1965 statt. Ab den 1970er-Jahren wurde das Areal zur Übernachtungsstätte Obdachloser, zum Treffpunkt Drogenabhän-

↓ Die Inschrift mancher Grabmäler ist nicht mehr lesbar.

↘ Grabmäler aus längst vergangener Zeit

giger und Umschlagplatz für Drogen und endgültig zum Dark Place.

DER FRIEDHOF WIRD ZUM FREILICHT-MUSEUM Im Goethejahr 1999 beschloss die Stadt die Sanierung des ältesten noch erhaltenen christlichen Friedhofs in Frankfurt. In den folgenden zwanzig Jahren wurden Mauern und Grabmäler freigelegt, Trümmermaterial abgetragen und vereinzelte Grabmäler restauriert. Die Peterskirche wurde zur »Jugend- und Veranstaltungskirche St. Peter« umgebaut, die Nordmauer sowie der Turm und die Stützmauer der Kirche saniert, es fanden Erhaltungsarbeiten an der Kreuzigungsgruppe statt, und ab 2017 wurde das Areal samt Grünanlage unter Berücksichtigung der historischen Strukturen grunderneuert. Der sanierte Peterskirchhof wurde im April 2019 wiedereröffnet.

Das besondere Erlebnis

Kultur und Kirche? Besuchen Sie doch mal eine Veranstaltung in der Jugend- und Veranstaltungskirche St. Peter. Hier finden regelmäßig Konzerte, Theaterstücke sowie Workshops von Technik über Tanz bis zu Kunst und Musik statt. Infos unter: www.sanktpeter.com

Peterskirche

5

KRIMINALMUSEUM

Spannender Ausflug in die Welt von Mord, Raub und anderen Verbrechen

Die Kriminaltechnische Lehrmittelsammlung im Keller des Polizeipräsidiums Frankfurt ist kein Museum im technischen Sinn, sondern dient der Aus- und Fortbildung von Polizisten, Justizanwärtern und Jurastudenten. Seit 2004 darf auch die Öffentlichkeit reinschnuppern und hinter die Kulissen der spannendsten Kriminalfälle blicken.

Adickesallee 70 **Ort** 60322 Frankfurt **GPS** 50.132863, 8.674157 **Anfahrt** Ab Hbf. U5 bis Willy-Brandt-Platz, umsteigen in U3 bis Miquel-/Adickesallee

Die »eingelegten« Hände eines Mörders

Der Doppelmord im Volkspark Niddal

DIE RAFFINIERTESTE UND TRICKREICHSTE BANDE DER BRD Tritt man durch die Tür im Untergeschoss, befindet man sich mitten in den schlimmsten, spektakulärsten und spannendsten Verbrechen der Frankfurter Kriminalgeschichte seit Beginn des 20. Jahrhunderts und wird auch gleich mit einem der größten Fälle der Nachkriegsjahre konfrontiert. Hier geht es ausnahmsweise nicht um Mord: Es geht um Henry (eigentlich Karl-Heinz) Jäger (1927–2000). Jäger wuchs in Frankfurt-Bornheim auf und wurde als Jugendlicher 1942 als Flakhelfer eingezogen. Nach dem Krieg machte er in Abendkursen sein Abitur nach, um Medizin zu studieren. Das Abitur wurde fürs Medizinstudium jedoch nicht anerkannt, und Jäger fühlte sich ein zweites Mal von der Gesellschaft betrogen – einmal um seine Kindheit im Krieg und jetzt, weil man ihn nicht zum Medizinstudium zuließ. Mit den Nachbarjungen, den beiden Korbmacher-Brüdern, gründete er eine Bande, die sich auf Einbrüche und Raubüberfälle spezialisierte. Dank ihrer bis ins kleinste Detail geplanten Vorbereitung, der blitzschnellen Durchführung und der Absicherung mit Alibis und Zeugen ging die Bande der Polizei immer wieder durch die Lappen. Nach ihrem größten Coup, dem Überfall auf die Rentenzahlstelle der Bundespost am Oederweg im Dezember 1954, wurde eine Belohnung von 11 000 D-Mark auf Hinweise zum Ergreifen der Bande ausgesetzt. Damals eine gigantische Summe. Im Mai 1955 wurden sie schließlich gefasst und nach einem spektakulären Prozess zu je zwölf Jahren Zuchthaus verurteilt. Bei allen Überfällen war nie eine Person zu Schaden gekommen. Jäger, der traumatisiert aus dem Krieg zurückgekehrt war, hatte sich geschworen, nie wieder einen Menschen zu töten oder zu verletzen. Bei den Raubzügen war er der Einzige, der eine scharfe Schusswaffe dabeihatte, aber er machte nie Gebrauch davon. Alle anderen hatten nur Attrappen.

VOM BANDENCHEF ZUM BESTSELLERAUTOR Um in der Einzelhaft im Zuchthaus nicht wahnsinnig zu werden, fing Jäger an zu schreiben. Mit einem vom Gefängnispfarrer in die Zelle geschmuggelten Bleistift verfasste er heimlich den Roman »Die Festung« auf einer Toilettenpapierrolle. Der Pfarrer schmuggelte die Rolle hinaus und übergab sie einem Verlag. Der Roman erschien 1962, wurde ein Riesenerfolg und in 18 Sprachen übersetzt. Mit Erlaubnis der Gefängnisleitung schrieb er sein zweites Buch »Die Rebellion der Verlorenen«. Nach seiner vorzeitigen Haftentlassung 1963 absolvierte Jäger ein Zeitungsvolontariat und wurde Lokalredakteur bei der Frankfurter Rundschau. Er schrieb einen weiteren Roman und heiratete die Tochter des Landgerichtsdirektors. Sein erstes Buch wurde 1964 verfilmt (»Verdammt zur Sünde«). Ab 1965 lebte er als freier Schriftsteller in der Schweiz, verfiel später dem Alkohol und starb schließlich in einem Armenhospiz in Ancona.

Die blutbespritzte Kleidung des Hammermörders

DER SECHSFACHE BORDELLMORD Nach ein paar erotischen Unfällen und Drogenkriminalität geht es im Museum weiter zu einem spektakulären Mordfall im schicken Westend. Im August 1994 fand die Polizei in einer Villa am Kettenhofweg sechs Leichen, die mit einem Stromkabel erdrosselt wurden. Es handelte sich dabei um das Besitzerehepaar eines Edel-Bordells, Gabor und Ingrid Bartos, sowie vier junge Osteuropäerinnen. Der Besitzer lag in der Sauna im Untergeschoss, seine Frau im Raum daneben, eine der Prostituierten brutal geknebelt und erdrosselt im Heizungskeller, zwei andere im ersten und die sechste im zweiten Stock. Die Villa war bereits seit Wochen im Visier der Ermittler, da es den Verdacht auf Zwangsprostitution gab. Im Rahmen der verdeckten Überwachung waren routinemäßig die Kennzeichen der in der Nähe parkenden Autos notiert worden, die man sich nun genauer ansah. Neben den Nobelkarossen fiel ein angerosteter Fiat Uno aus dem Allgäu auf, der nicht ins Bild passte. Er war zugelassen auf Sofia Berwald, die ebenfalls in der Villa als Prostituierte tätig war. Um eine lange Geschichte kurz zu machen: Berwald und ihr Mann, beide aus Moldawien, waren die Täter. Eigentlich hatten die beiden nur Geld und Wertgegenstände stehlen wollen, waren aber gestört worden, und so wurde aus der Diebestour ein Sechsfachmord.

DOPPELMORD IM VOLKSPARK NIDDAL

Im August 2001 schlug ein 25-jähriger Georgier zwei Landsleuten mit einem schweren Ast die Schädel ein. Täter und Opfer, alle drei Informatiker aus Tiflis, waren befreundet. Als zwei von ihnen jedoch beschlossen, nach Peru auszuwandern und den dritten nicht mitzunehmen, war dieser sauer und fühlte sich gedemütigt. Da die beiden noch eine Nacht in Frankfurt überbrücken mussten, bevor sie die Reise antreten konnten, übernachteten sie in Schlafsäcken im Park, wo ihr Landsmann sie erschlug. Der Tatort ist im Museum nachgestellt. Die Leichen wurden von Spaziergängern erst drei Monate später entdeckt. Da sie schon ziemlich skelettiert waren und keine Ausweise dabeihatten, war es schwierig, sie zu identifizieren. Die Gesichter wurden rekonstruiert, was sich bei eingeschlagenen Schädeln nicht gerade als einfach erwies. Auf Fotos sieht man, wie gut es dennoch gelang. Der Täter konnte knapp elf Monate nach der Tat gefasst werden. Wie es dazu kam und mehr zur Kriminaltechnik, erfährt man während der Führung.

DER BLUTIGE FINGERABDRUCK Der Mordfall am Klavierhändler Lichtenstein, der 1904 in seinem Geschäft auf der Zeil mit einem Gewichtsstein erschlagen wurde, schrieb Kriminalgeschichte. Der Originalstein ist ausgestellt. Der Gerichtschemiker Dr. Georg Popp entnahm am Hemdkragen des Ermordeten einen blutigen Fingerabdruck. Es war das erste Mal, dass ein Fingerabdruck zur Aufklärung eines Mordfalls beitrug. Ein paar Jahre später wurde dank Popp der Serienmörder Karl Hopf überführt, der seine Ehefrau, Eltern und seinen Sohn vergiftet hatte. Popp konnte weltweit zum ersten Mal in Leichen Gift nachweisen. Hopf wurde im Januar 1914 zum Tod verurteilt.

DER MORD AN DEN EDELPROSTITUIERTEN Klar, dass der berühmteste Mordfall der Frankfurter Kriminalgeschichte im Museum nicht fehlt: Rosemarie Nitribitt. Weniger bekannt ist der Mord an der Prostituierten Helga Matura – auch zu ihrer Kundschaft gehörte Prominenz aus Politik und Wirtschaft, auch sie fuhr wie Nitribitt ein Mercedes Cabriolet. Matura wurde im Januar 1966 in der Gutleutstraße in ihrer Wohnung mit 17 Stichen in Kopf, Nacken und Rücken tot aufgefunden. Wie im Fall Nitribitt wurde der Mörder nie gefasst.

DER HAMMERMÖRDER Anfang 1990 will der arbeitslose Elektriker Arthur Gatter Stimmen gehört haben, die ihm befahlen, Obdachlose von ihrem Leid zu erlösen. Er überfiel sie in Parkanlagen im Schlaf und schlug mit einem Schlosserhammer brutal auf ihre Schädel ein. Zwischen dem 1. Februar und dem 22. Mai tötete er auf diese Weise sechs Menschen. Bei seiner letzten Tat in der Nähe vom Römer hörte ein Anwohner verdächtige Geräusche, sah einen Mann weglaufen, den er der Polizei so gut beschrieb, dass er wenig später am U-Bahn-Abgang an der Konstablerwache festgenommen werden konnte. Gatter gestand und sagte, dass die Stimmen ihn zu den Morden gezwungen hätten. Er wurde in die Psychiatrie eingewiesen, wo er sich im Dezember desselben Jahres erhängte. Seine blutbespritzte Kleidung ist in einer Vitrine ausgestellt.

NICHT NUR HINTER DIE KULISSEN SPEKTAKULÄRER MORDFÄLLE schaut man im Museum, man bestaunt auch originale Exponate, Uniformen, Hand- und Fußfesseln, Falschgeld, aufgesprengte Panzerschränke, kugelsichere Westen, Drogenbesteck, Mordutensilien und vieles mehr.

Das besondere Erlebnis

Eine Tour durchs Kriminalmuseum. Diese kann allerdings nur im Rahmen einer Führung besichtigt werden (Anmeldung Tel. 069/75 58 20 08 oder veranstaltungen.ppffm@polizei.hessen.de, Website: www.polizei.hessen.de/ppffm).

Mitunter werden bizarre Sexpraktiken zum Kriminalfall.

An vielen Stellen trifft man im Botanischen Garten auf wilde Natur.

6

ÜBERSEHENES KLEINOD

Botanischer Garten Frankfurt

Zu Unrecht ist der Botanische Garten vielen Menschen nicht bekannt, liegt er doch im Schatten des weitaus bekannteren und exotischeren Palmengartens. Auch wenn er seit 2012 Teil desselben ist.

Siesmayerstraße 72 **Ort** 60323 Frankfurt **GPS** 50.1278069, 8.6583063
Anfahrt U4 bis Bockenheimer Warte, umsteigen in Bus 75 bis Haltestelle Botanischer Garten, Öffnungszeiten Mo–Sa 9–18, So bis 13 Uhr, im Winter geschlossen

EINE WELT FÜR SICH Wer schon um 9 Uhr am Morgen über die verschlungenen Pfade des Botanischen Gartens streift, hat diese für sich ganz allein. Zwischen den üppigen Gewächsen Asiens, Nordamerikas und Südeuropas fühlt man sich wie in einer anderen Welt – und schaut auf die angrenzenden verwaisten Gebäude des Botanischen Instituts der Goethe-Universität, wie an einem verlorenen Ort. Seit dem Umzug des Fachbereichs Biologie auf den Campus Riedberg 2011 stehen die Institutsgebäude leer, bröckeln vor sich hin und werden langsam von der Natur zurückerobert.

ERSTER GARTEN Der Botanische Garten Frankfurt blickt auf eine über 250-jährige Geschichte. Der erste Garten wurde ab 1763 südöstlich des Eschenheimer Turmes auf Initiative des Frankfurter Arztes und Naturforschers Johann Christian Senckenberg angelegt. Zur Finanzierung hatte er im selben Jahr die »Dr. Senckenbergische Stiftung« ins Leben gerufen. Sein Plan war, den Garten nach dem Vorbild des 1745 von Carl von Linné angelegten Botanischen Gartens im schwedischen Uppsala zu errichten. Dort sollte ein Areal für die Zucht medizinischer Heilpflanzen, ein Apothekergarten, entstehen. Und zwar für das von ihm geplante Bürgerhospital in unmittelbarer Nähe. Senckenberg erlebte weder die Fertigstellung des Botanischen Gartens noch die des Hospitals. Als er im November 1772 das Baugerüst be-

Idylle des Verfalls

Die Gebäude des Botanischen Instituts der Goethe-Universität stehen seit Jahren leer.

↑ Der Botanische Garten ist voller verschlungener Wege.
↗ Hier drinnen wächst nichts mehr.

stieg, um sich das eben fertiggestellte Uhrentürmchen anzuschauen, fiel er vom Gerüst auf den Hinterkopf und erlag am selben Abend seinen Verletzungen.

ZWEITER UND DRITTER GARTEN Aufgrund vermehrter Gebietsverluste durch Bebauung machte sich die Stiftung Ende des 19. Jahrhunderts auf die Suche nach einem neuen Standort, wurde östlich des 1871 eröffneten Palmengartens fündig und zog mit dem Botanischen Garten 1907/08 dorthin um. Der Garten sollte fortan der Forschung des Senckenbergischen Instituts und wenige Jahre später der 1914 gegründeten Goethe-Universität dienen. Keine drei Jahrzehnte blieb der Botanische Garten an seinem neuen Ort, denn als ein Arboretum und pflanzengeografische Parzellen angelegt wurden, platzte er aus allen Nähten. Ein neues Grundstück war schnell gefunden und gar nicht so weit vom alten Standort entfernt. Sämtliche Bäume und Pflanzen wurden 1931 auf ein 8 Hektar großes Areal im Grüneburgpark umgesiedelt. Dort befindet sich der Botanische Garten bis heute. Im Januar 2012 ging er in den Besitz der Stadt Frankfurt über und ist seitdem Teil des Palmengartens.

Das besondere Erlebnis

Spaziergang durch den monumentalen Grüneburgpark. Der Park befand sich einst im Besitz der Familie Rothschild, die hier fast 100 Jahre lang ein schlossähnliches Landhaus bewohnten, bis die Nazis den Park und das Palais 1935 zwangsenteigneten. Eine 5 Meter hohe düstere Stele erinnert mit einer Inschrift an den Ort.

7

DAS VERGESSENE KRIEGERDENKMAL

Germaniaplatz, Bornheim

Dass der Obelisk an drei gefallene Bornheimer Soldaten erinnern soll, ist in Vergessenheit geraten, denn die verwitterte Inschrift auf dem 150 Jahre alten Denkmal ist kaum noch lesbar.

Germaniaplatz **Ort** 60385 Frankfurt **GPS** 50.12485175, 8.7012612
Anfahrt U4 bis Höhenstraße, dann ca. 7 Minuten Fußweg

Am Germaniaplatz

GEDENKEN AN DIE DREI JOHANNS Man nimmt es kaum wahr, so unscheinbar steht das Denkmal aus rotem Mainsandstein auf einer kleinen Anhöhe am Rand eines Spielplatzes. Der etwa 3 Meter hohe Obelisk wurde 1874 zur Erinnerung an die Gefallenen im Deutsch-Französischen Krieg 1870/71 errichtet. Genauer gesagt an die drei Bornheimer Johann Caspar Schäfer, Johann Friedrich Reitz und Johann Jacob Glauer. Die ersten beiden waren Musketiere, Letzterer war Füsilier. Als die drei in den Krieg zogen, war Bornheim noch ein eigenständiges Dorf. Erst 1877 wurde der kleine Ort nach Frankfurt eingemeindet und ist seitdem Stadtteil. Das Denkmal wurde vom Kriegerverein und der Gemeinde Bornheim im Jahr 1874 errichtet. Die Beschriftung auf der Marmorplatte ist kaum mehr lesbar. Dass man die Namen der drei gefallenen Soldaten kennt, ist allein der Tatsache zu verdanken, dass sie dokumentiert wurden, als man die Buchstaben noch entziffern konnte. Das einzige Schmuckelement am Denkmal, das noch zu erkennen ist, ist ein Lorbeerkranz am unteren Teil.

Fast unbeachtet steht das Denkmal am Germaniaplatz.

DAS MISSVERSTÄNDNIS Es war der Händel um die spanische Thronfolge, der den Deutsch-Französischen Krieg 1870 auslöste. Zwei Jahre zuvor war Königin Isabella II. vom Militär vom Thron geputscht worden. Die Generäle suchten nun in den europäischen Herrscherhäusern nach einem passenden König. Die Favoriten, Italien und Portugal, erteilten Absagen. Letztendlich fiel die Wahl auf Prinz Leopold von Hohenzollern. Er stammte aus der katholischen Nebenlinie des Königs von Preußen. Zunächst wollten Berlin und Madrid die Entscheidung vor der Öffentlichkeit geheim halten, denn zuerst sollte das spanische Parlament Leopold als König bestätigen. Nun lief aber alles schief, was schieflaufen konnte. Ein Telegramm aus Berlin wurde falsch entschlüsselt, was zur Folge hatte, dass die spanische Regierung fälschlicherweise davon ausging, dass die parlamentarische Abstimmung über die Königskandidatur am 9. Juli stattfinden sollte. Geplant war aber der 26. Juni. Die Regierung entließ das Parlament verfrüht in die Sommerpause und musste vom Regierungschef, General Juan Prim, zurückgerufen werden. Die Angelegenheit wurde nun öffentlich bekannt. Frankreich tobte, denn einen Deutschen wollten die Franzosen nicht auf dem spanischen Thron sehen.

VERZICHT AUF DEN THRON Der französische Außenminister Antoine de Gramont beschuldigte Preußen, hinter dem spanischen Thronfolgeprojekt zu stecken und betonte, dass dies einer Ehrverletzung seines Landes gleichkäme. Von Krieg sprach er zwar nicht, die Preußen interpretierten die Rede Gramonts indes als Kriegsdrohung. Am 7. Juli 1870 sandte Gramont den französischen Botschafter in Preußen, Graf Vincent Benedetti, nach Bad Ems, wo Wilhelm I. zur Kur weilte. Der Botschafter sollte den König (Kaiser wurde Wilhelm erst im Jahr darauf) darum bitten, die Kandidatur des Hohenzollernprinzen zurückzuziehen. Um es kurz zu machen: Als auch Zar Alexander II. Wilhelm empfahl, die Kandidatur Leopolds zurückzuziehen, schickte Wilhelm am 10. Juli einen Sondergesandten zu Karl Anton, dem Vater des Prinzen, um diesen vom Verzicht auf die Kandidatur zu überzeugen. Letztendlich verzichtete Karl Anton am 12. Juli stellvertretend für seinen Sohn.

Die Inschrift ist kaum noch lesbar.

DER MISSTRAUISCHE AUSSENMINISTER Gramont traute den Preußen nicht, denn die Verzichtserklärung erwähnte in keiner Weise deren mutmaßliche Involvierung an dem spanischen Thronfolgeprojekt. Deshalb forderte er eine öffentliche Erklärung Preußens und schickte den Botschafter Benedetti am 13. Juli erneut nach Bad Ems. Benedetti passte Wilhelm I. auf der Kurpromenade ab. Die Forderung Gramonts wies dieser entschieden zurück. Einen Gesichtsverlust für Preußen wollte er sich mit der geforderten öffentlichen Erklärung keinesfalls einhandeln. Der Botschafter informierte Gramont telegrafisch, dass Preußen nicht bereit sei, die Thronbesteigung eines Hohenzollern auf immer und ewig zu untersagen. Gramont drängte auf ein weiteres Treffen, Wilhelm I. lehnte ab.

DIE VERHÄNGNISVOLLE PRESSEMITTEILUNG Heinrich Abeken, ein Mitarbeiter Bismarcks, der mit dem König in Bad Ems weilte, schrieb am Nachmittag des 13. Juli ein Telegramm an den Kanzler, um ihn von den Vorgängen in Bad Ems zu unterrichten. Bismarck verfasste daraufhin eine Pressemitteilung über die französischen Forderungen und Wilhelms Ablehnung derselben. Paris war brüskiert und beschloss am 14. Juli die Mobilmachung. Auch Preußen, der Norddeutsche Bund und das anfangs noch zögerliche Bayern und Württemberg riefen zu den Waffen. Am 19. Juli 1870 erklärte Frankreich Deutschland den Krieg. Der zehn Monate dauernde Konflikt kostete fast 190 000 deutschen Soldaten das Leben. Auch das der drei Bornheimer Johanns, die in ihrem Leben sicher anderes vorhatten, als in den Krieg zu ziehen und an die ihr Heimatörtchen mit einem Denkmal gedachte. Der Krieg endete am 10. Mai 1871 mit dem Frieden von Frankfurt, Deutschland wurde zum »Deutschen Kaiserreich« und Wilhelm I. Kaiser.

Das besondere Erlebnis

Machen Sie einen Bummel durch Bornheim, das als Frankfurts »lustigstes Dorf« gilt. Es gibt allerhand zu entdecken!

Das Denkmal wirkt vor der Kulisse des Wohnblocks völlig verloren.

Viele Grabmäler sind in den Boden eingesunken, umgekippt, verwittert und mit Moos und Efeu bedeckt.

8

DER ALTE JÜDISCHE FRIEDHOF

Ein begehbares Kulturdenkmal

Die fast 800 Jahre alte Begräbnisstätte gehört zu den ältesten Zeugnissen jüdischen Lebens in Deutschland und ist nach dem UNESCO-Welterbe »Heiliger Sand« in Worms der zweitälteste erhaltene jüdische Friedhof nördlich der Alpen.

Battonnstraße 47 **Ort** 60311 Frankfurt **GPS** 50.1122156, 8.6905711
Anfahrt Mit Tram 11 bis Börneplatz/Stolzestraße **Bitte beachten** Der Friedhof ist nicht frei zugänglich. Den Schlüssel für das Tor erhält man gegen Hinterlegung des Personalausweises im Museum Judengasse, das direkt an den Friedhof anschließt.

GESCHICHTSTRÄCHTIGER GOTTESACKER Urkundlich erwähnt wurde die Begräbnisstätte erstmals 1180. Allerdings lag sie damals noch außerhalb der Stadt – erst 1333 wurde sie in die Stadtmauern eingeschlossen. Die älteste dokumentierte Grabinschrift stammt aus dem Jahr 1272, die letzte Beisetzung auf dem mittlerweile total überfüllten Friedhof fand im September 1828 statt. Bei seiner Schließung wurde bestimmt, dass er 1000 Jahre unberührt und unbesetzt liegen solle. Die Totenruhe ist im Judentum unantastbar. Die Beigesetzten genießen Ruherecht bis zur »Auferstehung nach dem Eintreffen des Messias«. Es gibt unterschiedliche Zahlen darüber, wie viele Gräber sich auf dem Friedhof befanden. Eine Quelle aus dem ausgehenden 19. Jahrhundert spricht von 6500, eine andere aus dem Jahr 1913 von 8000 Grabsteinen. Während des Dritten Reichs fiel der Friedhof der Zerstörungswut der Nationalsozialisten zum Opfer. Im Kriegsjahr 1943 wurden rund zwei Drittel der Grabmäler maschinell zerschlagen. Sie sollten später als Bruchsteine wiederverwendet werden. Es war vorab gelungen, 175 historisch oder künstlerisch besonders wertvolle Grabsteine auf den Jüdischen Friedhof in der Rat-Beil-Straße zu bringen.

VOM FRIEDHOF ZUM TRÜMMERSCHUTTABLADEPLATZ Nach dem schweren Luftangriff der Briten am 4. Oktober 1943 wurden die Zerstörungsarbeiten eingestellt und das Friedhofsgelände als Trümmerschuttabladeplatz genutzt. Knapp 50 Bäume wurden dazu auf dem Areal gefällt, Flächen eingeebnet und die ursprüngliche Anordnung der Gräber zerstört. Nach dem Krieg wurde der alte Friedhof bis Ende der 1950er-Jahre so gut es ging wiederhergestellt. Die in Stücke zerschlagenen Grabmäler wurden wieder zusammengesetzt – die jeweils richtigen Teile zum entsprechenden Grabmal zu finden, muss mühsam gewesen sein. 2500 Grabsteine waren vollständig erhalten. Die 175 historisch wertvollen Grabmäler, darunter das älteste aus dem Jahr 1272, fanden ihren Platz entlang der Innenmauer, da ihr ursprünglicher Standort nicht mehr ermittelt werden konnte. Grabsteinfragmente, die sich nicht mehr zusammensetzen ließen, wurden inmitten des Friedhofs auf einen Haufen geschichtet. Heute sind einige der eng stehenden Steine aus rotem Main-Sandstein in den Boden eingesunken, manche umgekippt, viele verwittert und mit Moos und Efeu bedeckt.

BEDEUTENDE GRABMÄLER Auffallend ist ein Grabstein, vor und auf dem unzählige mit Steinen beschwerte Zettel, sogenannte Kwitlech (Wunschzettel), liegen. Es ist das Grabmal von Marat Raisle Sofer, Mutter des Rabbiners Chatam Sofer. Zu Lebzeiten soll sie Menschen dazu aufgefordert haben, nach ihrem Tod mit ihren Sorgen und Nöten an ihr Grab zu kommen und versprach, im Himmel für die Bittsteller ein gutes Wort einzulegen. Raisle Sofer starb 1822. Wo auf

Das Grabmal von Marat Raisle Sofer, Mutter des Rabbiners Chatam Sofer

dem Friedhof sie beerdigt wurde, ist nicht bekannt. Jahrzehntelang gab es lediglich ein Metallschild und später eine kleine Marmortafel, die an die Mutter des Rabbiners erinnerte und zu denen Menschen zur Fürbitte pilgerten. Im Mai 2013 bekam Marat Raisle Sofer einen Grabstein aus rotem Sandstein.

Eine der bedeutendsten Persönlichkeiten, die auf dem alten Friedhof beerdigt wurden, ist Mayer Amschel Rothschild (1744–1812), der Gründervater der berühmten Bankendynastie, der in bescheidene Verhältnisse in Frankfurt geboren wurde. Sein Grabmal steht zusammen mit den Grabsteinen anderer bedeutender Persönlichkeiten auf dem Ehrenfeld in einer Ecke an der Südmauer. Darunter der Rabbiner und Kabbalist Nathan Adler (1741–1800), Begründer einer westjüdisch-chassidischen Richtung, der Oberrabbiner von Frankfurt, Jakob Jehoschua Falk (1680–1756), und der Rabbiner Pinchas Horrowitz (1730–1805).

SYMBOLIK UND INSCHRIFTEN Manche Grabsteine zeigen Symbole wie segnende Priesterhände, die für die Abstammung von den Kohanim (Nachkommen des ersten Priesters Aaron) stehen oder eine Kanne, die auf eine levitische Herkunft hinweist. Die Leviten waren Tempeldiener im Jerusalemer Tempel und unter anderem für die kultische Reinheit zuständig. Tierdarstellungen auf den Grabmälern stehen mit dem Namen des Verstorbenen in Zusammenhang. Eine Besonderheit mancher Grabsteine ist die Darstellung von Hauszeichen seit Mitte des 17. Jahrhunderts. Sie bezeichnen das Haus in

Grabsteinfragmente, die sich nicht mehr zusammensetzen ließen, wurden auf einen Haufen geschichtet.

Efeubewachsene Stümpfe der Bäume, die hier mal standen

der Judengasse (bis 1796 das jüdische Getto in Frankfurt), in dem die Verstorbenen lebten, wie zum Beispiel Hase, Pfanne, Reuse, Schild, Schuh und andere.

Anders als auf christlichen Grabsteinen erzählen die hebräischen Inschriften auf den Grabmälern etwas über die Tugenden derjenigen, die hier ruhen. Man erfährt, dass die »Ruhenden« »in gutem Ruf« oder »in der Blüte ihrer Jahre« gestorben sind, dass sie »gottesfürchtig von Jugend auf«, »ehrbar, edel, lieblich in ihrem Walten wie eine Rose«, »vieler Sprachen kundig« waren oder »nach Wahrheit und Frieden« strebten. Manche Grabinschriften sind sehr lang und voller Lob, andere sehr kurz, wie: »Ihm ist Schweigen lob; denn so hat er angeordnet vor seinem Tode, dass man kein Lob auf seinen Grabstein schreibe«. Das Datum des Todes- bzw. Beerdigungstags auf den Grabsteinen ist nach dem jüdischen Kalender angegeben, der seine Monate nach dem Mondzyklus zählt – das Geburtsdatum findet man auf dem Grabstein nicht. Nach jüdischem Glauben müssen die Verstorbenen noch am selben Tag bestattet werden. Fällt der Sterbetag allerdings auf den Sabbat oder einen Feiertag, dann findet die Beerdigung erst am Tag darauf statt. Feuerbestattungen sind nicht üblich.

Das besondere Erlebnis

Das Museum Judengasse bietet jeden zweiten Sonntag Führungen über den Friedhof an. Sie erfahren dabei Interessantes zu den Inschriften auf den Grabsteinen. Die Führungen sind im Eintritt zum Museum inbegriffen. Besuche auf eigene Faust sind kostenlos und nur zu den Öffnungszeiten des Museums (samstags und montags geschlossen) möglich (Infos: www.juedischesmuseum.de).

9

DAS VERSCHWUNDENE SCHLOSS

Von-Bernus-Park

In dem Schloss, das es nicht mehr gibt, residierte einst Henriette Amalie von Anhalt-Dessau. Die Prinzessin war nach der Geburt eines unehelichen Kindes in Ungnade gefallen und vom Hof in Anhalt verbannt worden.

Von-Bernus-Park, Schlossstraße 24 **Ort** 60486 Frankfurt **GPS** 50.1217204, 8.6372028
Anfahrt S3 oder S5 oder zum Westbahnhof, dann 8 Minuten Fußweg

Teich und Brücke stammen noch aus Zeiten des Schlosses.

DIE VERSTOSSENE PRINZESSIN Henriette Amalie (1720–1793) hatte ein Techtelmechtel mit dem Sohn des Jagdzeugmeisters Wilhelm Gustav Werner, wurde schwanger und gebar einen Sohn. Ihr Vater, Fürst Leopold I., der »Alte Dessauer«, war entrüstet, jedoch willens, den nicht standesgemäßen Untertan als Schwiegersohn zu akzeptieren. Kind hin oder her, die 21-Jährige weigerte sich, den neun Jahre älteren Mann zu heiraten. Daraufhin steckte Fürst Leopold seine Tochter ins freiweltliche Damenstift Herford und gab den unehelich geborenen Sohn einer Frankfurter Bankiersfamilie zur Pflege. Alle Versuche, Amalie in den folgenden Jahren doch noch standesgemäß zu vermählen, schlugen fehl. Die Prinzessin blieb, aus welchen Gründen auch immer, im Damenstift. Auch nach dem Tod ihres Vaters 1747. Erst 1753 verließ sie das Stift und erwarb ein Gut mit Herrenhaus im heutigen Stadtteil Bockenheim, um in der Nähe ihres Sohnes zu sein.

VON DER PRINZESSIN ZUR LANDWIRTIN Amalie ließ das Herrenhaus zum »Bockenheimer Schlösschen« ausbauen, erweiterte das Anwesen durch den Zukauf umliegender Flächen und anstatt einen Verwalter einzustellen, bewirtschaftete sie ihre Güter selbst. Die Prinzessin ließ Ackerbau betreiben, Obst- und Gemüseplantagen anlegen, Apfelwein keltern und Maulbeerbäume für ihre

Dass hier mal ein Schloss stand, kann man sich heute kaum mehr vorstellen.

Den Teich gab es schon zu Zeiten Amalies

Die verwitterte Tafel erinnert an das einstige Schloss.

Seidenraupenzucht pflanzen. Außerdem hielt sie Schafe und züchtete Rinder und war bald die größte und reichste Grundbesitzerin Bockenheims. 1771 ließ Amalie ihr Schlösschen durch Anbauten zum Schloss erweitern. Nun hatte die leidenschaftliche Kunstsammlerin Platz für ihre umfangreiche Sammlung von über 700 Werken, die sie im Lauf ihrer Bockenheimer Jahre zusammengetragen hatte. In jenen Jahren lebte Amalie in wilder Ehe mit dem 15 Jahre jüngeren Baron von Rackmann. Als sie Anfang der 1790er-Jahre in ihre alte Heimat Dessau zurückkehrte, verkaufte sie das Schloss an den Frankfurter Bankier Abraham Chiron. Danach folgten mehrere Besitzerwechsel.

ZERSTÖRUNG DES SCHLOSSES Letzter Besitzer des Schlosses war die Familie von Bernus. Im September 1944 fiel der Prachtbau einem Luftangriff der Alliierten zum Opfer und brannte aus. Ein Wiederaufbau lohnte sich nicht mehr. Die von Bernus ließen das Schloss schleifen und verkauften das Grundstück an eine Frankfurter Baugesellschaft, die darauf ein Mietshaus errichten ließ. So kam es, dass es nun eine Schlossstraße ohne Schloss gab. Aus dem verbliebenen Teil des früheren Schlossparks wurde eine öffentliche Grünanlage, die nach dem letzten Besitzer benannt wurde. Aus Amalies Tagen stammt noch der Teich mit der hübschen Zierbrücke. An die Dessauer Prinzessin erinnert eine Gedenktafel im Eingangsbereich ihres einstigen Schlossparks.

Das besondere Erlebnis

Einfach mal »niksen« – nichts tun. Auf einer Bank im Park oder auf den Steinstufen zum Teich verweilen und sich vorstellen, wie prachtvoll es hier vor über 250 Jahren ausgesehen haben mag.

Alte Brücke
Frankfurt

10

DIE MITTELALTERLICHE HINRICHTUNGSSTÄTTE

Alte Brücke Frankfurt

Dass in der Mitte der Brücke jahrhundertelang Hinrichtungen stattfanden, ist den meisten unbekannt. Wenig bekannt sind auch die Sagen und Legenden, die sich um die Alte Brücke ranken, die die Frankfurter Altstadt mit Sachsenhausen verbindet.

Alte Brücke **Ort** 60547 Frankfurt **GPS** 50.1084620, 8.6877460
Anfahrt Ab Hbf. mit U4 bis Dom/Römer, dann ca. 8 Minuten Fußweg

DER HINRICHTUNGSORT Zugegeben, die Alte Brücke ist weder ein vergessener noch verlorener Ort, war aber im Mittelalter an den Tagen, an denen Hinrichtungen stattfanden, ein doch sehr unheimlicher Ort. Daran erinnert in der Brückenmitte ein Kruzifix, das 1401 aufgestellt wurde, um die tiefste Stelle des Mains zu markieren. Hier wurden zum Tod verurteilte Frauen und Männer an Händen und Beinen gefesselt und auf einem Brett über das Brückengeländer ins Wasser geworfen. Da die Strömung des Mains an dieser Stelle am stärksten war, wurden die Verurteilten sofort mitgerissen und ertranken. Tod durch Ertränken war in jenen Tagen in Frankfurt eine gängige Art der Exekution für Delikte wie Diebstahl, Blutschande, Kindsmord, Vergiftung und Bruch der Urfehde. Um Menschenansammlungen auf der Brücke zu vermeiden, fanden die Hinrichtungen durch Ertränken oft nachts statt – letztmals im Jahr 1613. Das Kruzifix markierte nicht nur die

Der Brickegickel thront auf dem Kruzifix.

Zu Tode Verurteilte wurden im Mittelalter von der Brücke ins Wasser geworfen.

tiefste Mainstelle, es sollte den Delinquenten im Angesicht des Todes Trost spenden und auf die Vergebung der Sünden und die Gnade Gottes hinweisen. Der goldene Hahn auf der Spitze des Kreuzes, der »Brickegickel«, stand

Das Kruzifix in der Brückenmitte

für die Verleugnung Jesu durch Petrus und wurde als Zeichen der Reue gesehen. Er sollte die Verurteilten zur Buße ermahnen, bevor sie starben. Er war das Letzte, was sie sahen, bevor sie in den Fluten verschwanden.

DER BRICKEGICKEL Um den goldenen Hahn auf der Spitze des Kruzifixes rankt sich die Legende um den Brückenbaumeister und den Teufel. Ersterer fürchtete, den Bau nicht rechtzeitig zu beenden. Nachdem er sämtliche Heilige angerufen hatte, aber keine Hilfe erfuhr, schloss er einen Pakt mit dem Teufel. Als Gegenleistung forderte der Höllenfürst die Seele des ersten Lebewesens, das die Brücke überquerte – wohlwissend, dass es der Brückenmeister selbst sein würde, denn so verlangte es der Brauch. In freudiger Erwartung der Seele vollendete der Beelzebub die Brücke in nur einer Nacht. Dem Baumeister indes war es bang zumute. Als der Hahn am Morgen krähte, kam ihm die rettende Idee – er trieb den Gockel über die Brücke und entkam so der teuflischen Vereinbarung. Mit der Seele eines Hahns konnte der Teufel aber nichts anfangen und wurde so wütend, dass er das Tier in zwei Stücke riss und über die Brücke warf. In Erinnerung daran thront ein goldener Hahn auf dem Kruzifix. So die Legende. Im Lauf der Jahrhunderte musste der »Brickegickel« mehrmals erneuert werden. Der erste versank bereits 1434 bei einem Orkan in den Fluten, der zweite wurde im Dreißigjährigen Krieg heruntergeschossen, der dritte versank 1793 beim Einsturz der Brücke im Main, der vierte musste im Zweiten Weltkrieg dran glauben, der fünfte wurde gestohlen und der sechste thront seit 1994 auf dem Kruzifix.

Das besondere Erlebnis

Unter der Brückenrampe auf der Frankfurter Seite liegen die rund 200 Jahre alten Fischergewölbe, welche die Mainfischer als Liegeplatz für ihre Nachen nutzten. Ab und zu können die Gewölbe bei Stadtführungen besichtigt werden (Infos: www.frankfurt-tourismus.de).

Unter der Brückenrampe liegen die rund 200 Jahre alten Fischergewölbe.

11

FRANKFURTS UNTERWELT

Nie genutzte Kasematten

Nur durch Zufall wurde die Kasematte aus dem 17. Jahrhundert entdeckt, als auf dem Gelände der Stiftung Waisenhaus im September 2009 Ausschachtungsarbeiten durchgeführt wurden. Heute ist knapp 10 Meter unter der Erde ein 40 Meter langes und 4 Meter hohes Teilstück begehbar.

Bleichstraße 10 **Ort** 60313 Frankfurt **GPS** 50.1184274, 8.6869511
Anfahrt U5 bis Konstablerwache, dann 6 Minuten Fußweg
Bitte beachten Die Kasematten sind verschlossen und können nur im Rahmen einer Führung betreten werden (Infos: www.archaeologisches-museum-frankfurt.de).

Im Kasemattengang ist es recht düster.

Der begehbare Teil der Kasematten beträgt etwas über 40 Meter.

DROHENDE KRIEGSGEFAHR Als 1618 der Dreißigjährige Krieg ausbrach, tobte er erst einmal in Böhmen, weshalb man sich in Frankfurt zunächst keine Sorgen machte. Die kamen erst, als der Krieg sich 1620 ausweitete, der Heerführer Ambrosio Spinola in der Pfalz einfiel und alle Gebiete links des Rheins eroberte. Man überlegte, die mittelalterliche Befestigung, die seit 1343 immer wieder an- und umgebaut wurde, zu belassen und eine neue Befestigungsanlage mit 13 Bastionen und zwölf Kurtinen zu errichten. Aufgrund der enorm hohen Kosten, die für den Bau anfallen würden, entschied der Stadtrat 1621, dass der Krieg wohl bald vorbei sein würde und man daher auf eine weitere Befestigungsanlage verzichten könnte. Ein Kriegsende war jedoch nicht in Sicht, und als sich im Juni 1622 bei Höchst mehr als 40 000 Soldaten der katholischen Liga und der protestantischen Union gegenüberstanden, wurde klar, dass der Krieg auch in Frankfurt Einzug halten könnte. Man sprach wieder vom Ausbau der Befestigung. Bis man sich allerdings einig war, sollten noch ein paar Jahre vergehen.

BAUPANNEN Festungsbaumeister Johann Wilhelm Dilich wurde schließlich 1628 damit beauftragt, die Friedberger Bastion zu bauen. Leider lief beim Bau einiges schief. Um der Stadt Geld zu sparen, musste Dilich auf Anweisung des Rats auf dem alten, total versumpften Graben bauen. Das führte zu statischen Problemen und schließlich zum Einsturz der Bastionsmauer. Nicht nur das. Wenige Wochen nach der Fertigstellung im Jahr 1629 standen die Kasematten unter Wasser und mussten aufgegeben werden. Daraufhin wurde die Sternenschanze errichtet. Die Bauzeit betrug Jahrzehnte – Dilich war längst gestorben und der Dreißigjährige Krieg vorbei, als das Werk vollendet war. Im Jahrhundert darauf hielt die mittlerweile technisch überholte Schanze dem Angriff der französischen Revolutionsarmee nicht stand und brach in sich zusammen. Die barocke Befestigungsanlage wurde zwischen 1804 und 1812 geschleift und der Frankfurter Anlagenring mit Grünanlagen und Spazierwegen geschaffen. Die im Dreißigjährigen Krieg nie genutzten Kasematten erfüllten zumindest im Zweiten Weltkrieg ihren Zweck. Bei Luftangriffen suchten die Anwohner in dem feucht-kalten Gewölbe aus Kalk-Tuff-Gestein Schutz. Rostige Stühle und ein verrosteter Helm in der Kasematte sind Überbleibsel aus jenen Tagen.

Das besondere Erlebnis

Machen Sie einen Spaziergang durch Frankfurts einstige Wallanlagen. Das 5 Kilometer lange Areal erstreckt sich im Halbkreis zwischen Untermainkai und Sonnemannstraße größtenteils als Parkanlage. Spannendes aus der Stadtgeschichte erfahren Sie bei einem geführten Rundgang durch die Wallanlagen (Infos: www.frankfurt-tours.de).

Einsam und verloren liegt das Wrack im Alten Schleusenbecken.

12

DAS BEGRÜNTE SCHIFFSWRACK

Boot-Biotop im Stadtteil Niederrad

Das »Natur Ship MS Heimliche Liebe« liegt ziemlich versteckt im stillgelegten und recht zugewucherten Alten Schleusenbecken. Auf dem Dach des Schiffes grünt und sprießt es.

Niederräder Ufer (am Übergang zum LiLu) **Ort** 60528 Frankfurt, **GPS** 50.0935312, 8.6479343 **Anfahrt** Tram 21 bis H.-Hoffmann-Straße, dann ca. 8 Minuten Fußweg

MÖVE ist der Name des Motorschiffes, das 1928 in der kleinen Fleischhauer-Werft in Zons gebaut und für den Personenfährbetrieb zwischen Zons und Düsseldorf-Urdenbach genutzt wurde. Als während des Zweiten Weltkriegs die Rheinbrücken gesprengt wurden, wurde Kapitän Heinrich Fleischhauer mit seiner Möve zum Lebensretter. So gab ein jüdischer Zeitzeuge an, dass Fleischhauer ihn und seine Familie zum gegenüberliegenden Rheinufer gebracht und somit ihre Flucht ermöglicht hatte. Nicht nur dieser Familie, zahlreichen anderen Menschen soll dank des unermüdlichen Einsatzes der Möve die Flucht gelungen sein. Jahrzehnte später wurde aus dem mittlerweile historischen Personenfährschiff das private Naturschutzprojekt »Natur Ship« mit Biotop auf dem Dach, das sich zum Ziel gesetzt hat, bedrohten Arten und verletzten Tieren eine Zuflucht zu bieten.

SCHUTZ FÜR BEDROHTE ARTEN Unter den Bewohnern des üppig mit Pflanzen begrünten Daches befinden sich zahlreiche Käfer und Insekten, die hier ideale Bedingungen vorfinden, seltene und geschützte Arten, wie die vom Aussterben bedrohten Blauflügel- und Gebänderten Prachtlibellen, der Eisvogel und die Teichralle (Gallinula chloropus). Die MS Heimliche Liebe sorgt für den Schutz der Brut der Teichrallen, für die Aufzucht von verletzten Küken, aber auch für die zusätzliche Fütterung während der Wintermonate. Zu den Besuchern des Biotops zählen Schmetterlinge, Fliegenschnäpper, Meisen und Zaunkönige, die hier nach Insekten suchen und fündig werden.

DAS ALTE SCHLEUSENBECKEN Die Staustufe Niederrad wurde während des Ausbaus des Mains zwischen 1883 und 1886 errichtet. Sie bestand aus Floßrinne, Nadelwehr, Fischpass und der Schleuse mit Kanal. Als das steigende Verkehrsaufkommen auf dem Main größere Schleusenanlagen notwendig machte, wurde der Betrieb an der Staustufe Niederrad eingestellt. Schleusenkammer und Schleusenwärterhaus sind bis heute erhalten. Ebenso das alte Schleusenbecken, seit vielen Jahren Heimat des Boot-Biotops.

Das besondere Erlebnis

Die Brücke über dem alten Schleusenbecken führt auf die Maininsel zum Licht- und Luftbad Niederrad (LiLu), das um die Jahrhundertwende als Strandbad errichtet wurde und besonders bei Arbeiterfamilien beliebt war. Nach 1933 war es das einzige öffentliche Strandbad in Frankfurt, das jüdischen Bürgern frei zugänglich war. 1938 übernahm die SA das Gelände. Nach dem Zweiten Weltkrieg diente die Insel der US-Armee zur Erholung, 1949 wurde sie dem städtischen Sport- und Badeamt übergeben. Auf der westlichen Seite der Insel entwickelte sich das Licht- und Luftbad Niederrad (LiLu), ein naturnahes Naherholungsgebiet.

Das begrünte Wrack bietet Schutz für manch bedrohte Art.

13

DAS OBERFORSTHAUS

Frankfurter Stadtwald

Von dem einst prächtigen Anwesen ist heute nur noch der denkmalgeschützte Reitstall übrig. Das fast 300 Jahre alte Kulturdenkmal verfällt jedoch zunehmend, ist einsturzgefährdet und wäre im Juli 2021 fast abgebrannt.

Mörfelder Landstraße 331 **Ort** 60528 Frankfurt **GPS** 50.0786740, 8.6549546
Anfahrt Tram 21 bis Oberforsthaus, das Gebäude liegt auf der gegenüberliegenden Straßenseite

Das Notdach soll das Gebäude vor weiterem Verfall retten

Wird das Gebäude nicht restauriert, verfällt es bald ganz.

ERSTER HAUSHERR DES 1729 ERRICHTETEN ANWESENS war der »reitende Oberförster« Heinrich Carl Baur. Da ihm gestattet wurde, auf seinem Amtssitz auch Besucher zu bewirten, avancierte der Ort bald zu einem beliebten Gasthaus. Mit der Anlage drei großer Parks rund um das Anwesen im darauffolgenden Jahrhundert, der Eröffnung einer Pferderennbahn in der Nähe und dem Ausbau der Gaststätte zu einem großen Biergarten wurde das Oberforsthaus zu einem populären Ausflugsziel. Napoleon soll im Oberforsthaus eine Rast eingelegt haben, ebenso diverse Kaiser, die in Frankfurt gekrönt wurden, und sogar Goethe war mal hier. Erstmals 1814, und 15 Jahre später feierte der Dichterfürst dort seinen 80. Geburtstag.

ZERSTÖRUNG DES OBERFORSTHAUSES Das Anwesen wurde 1944 bei Luftangriffen der Alliierten stark beschädigt. Lediglich der Reitstall hatte die Bombardierungen unversehrt überstanden. Nach dem Krieg wurde das Ausflugslokal wieder aufgebaut, die Gäste blieben jedoch aus, denn Straßen rings um das Oberforsthaus wurden ausgebaut, der Verkehr nahm zu, und mit der früheren Waldesruh war es vorbei. Der Pächter gab auf, einen neuen fand die Stadt nicht, also wurde Ende 1963 beschlossen, das Oberforsthaus abzureißen. Der Reitstall blieb stehen und verfällt seitdem unaufhörlich. Der Putz ist fast komplett abgebröckelt, zahlreiche Ziegel sind vom Dach gefallen. Wie das historische Oberforsthaus einmal aussah, ist heute nur noch auf Gemälden und alten Fotos zu sehen.

HOTELPLÄNE Seit den 1990er-Jahren gab es immer wieder Pläne für den Bau eines Hotels auf dem 4600 Quadratmeter großen Areal. So sollte 2005 ein »Hotel Oberforsthaus« gebaut werden. Dort, wo einst die Hauptgebäude standen, sollten Neubauten entstehen und aus dem sanierten Pferdestall ein Restaurant mit dem wohlklingenden Namen »Goethestuben« werden. Die Fertigstellung war für Ende 2008 geplant. Der Baubeginn wurde von Mal zu Mal verschoben und scheiterte letzten Endes an der Finanzierung. Schließlich wurde das Grundstück 2012 zwangsversteigert – den Zuschlag erhielt die Stadt Frankfurt. Erneut wurden Pläne für ein Hotel geschmiedet – Marriott zeigte Interesse, sprang aber wieder ab. Bisher konnte kein neuer Investor gefunden werden.

DAS FEUER Im Juli 2021 ging der hölzerne Dachstuhl des Reitstalls in Flammen auf. Man vermutete Brandstiftung. Das Feuer konnte zwar innerhalb von drei Stunden gelöscht werden, aber ein Dach gab es nun nicht mehr – den ganzen Winter lang nicht. Erst im März 2022 bekam der marode Dachstuhl ein von Gerüsten getragenes Notdach. Wie es mit dem alten Gebäude weitergeht, steht bisher noch nicht fest.

Das besondere Erlebnis

Starten Sie am Oberforsthaus zu einem Spaziergang auf dem 5 Kilometer langen Rundweg durch den Stadtwald und entdecken Sie dabei historisch interessante Orte im Grüngürtelpark Oberforsthaus.

Die ungewöhnliche Trauerhale
im Stil des Brutalismus

14

DIE VERGESSENEN ITALIENER

Italienischer Kriegsfriedhof Westhausen

Auf dem Cimitero di Guerra Italiano ruhen 4788 italienische Kriegsopfer, die 1943 als »Kriegsbeute« nach Deutschland verschleppt worden waren. Ihre sterblichen Überreste wurden in den 1950er-Jahren aus west- und süddeutschen Friedhöfen hierher überführt.

Kollwitzstraße 27 **Ort** 60488 Frankfurt **GPS** 50.136914, 8.6059905
Anfahrt Ab Hbf. U4 bis Bockenheimer Warte, umsteigen in U7 bis Friedhof Westhausen

Denkmal für die italienischen Gefallenen

KRIEGSBEUTE Nach dem Sturz Mussolinis im Juli 1943 und dem Kriegsaustritt Italiens am 8. September 1943 bestand das Bündnis mit dem Deutschen Reich, die »Achse Berlin-Rom«, nicht länger. Die Wehrmacht besetzte daraufhin Teile des Landes, entwaffnete die italienischen Streitkräfte und verschleppte mehr als eine halbe Million italienische Soldaten zur Zwangsarbeit nach Deutschland und in okkupierte Gebiete. Auf Befehl Hitlers galten sie nicht als Kriegsgefangene, sondern als Kriegsbeute. Ihre offizielle Bezeichnung lautete »italienische Militärinternierte« (IMI). Schutz im Sinn des Kriegsgefangenenstatus blieb ihnen daher verwehrt. Da der Arbeitskräftemangel im Deutschen Reich aufgrund des Krieges eklatant war, wurden die IMI als Zwangsarbeiter in der Rüstungsindustrie eingesetzt. Über 40 000 italienische Militärinternierte kamen während der Gefangenschaft durch Gewalt, Krankheit, Entkräftung, Hunger und Kälte ums Leben. Nicht alle wurden nach ihrem Tod in ihre Heimat überführt. Zehntausende wurden auf Friedhöfen in Deutschland bestattet.

CIMITERO DI GUERRA ITALIANO In den Nachkriegsjahren war es ein Anliegen der italienischen Regierung, die in Deutschland beigesetzten Italiener zusammenzuführen. So entstanden deutschlandweit vier Ehrenfriedhöfe für italienische Kriegsopfer – in Berlin-Zehlendorf, Hamburg-Öjendorf, auf dem Münchener Waldfriedhof und auf dem Friedhof Westhausen, wo ein 3,6 Hektar großes Ehrenfeld entstand, auf das zwischen 1952 und 1957 die sterblichen Überreste von 4788 Italienern aus west- und

Das weitläufige Gräberfeld des italienischen Ehrenfriedhofs

süddeutschen Friedhöfen überführt wurden. Unter den Verstorbenen befanden sich nicht nur Militärinternierte, sondern auch 730 zivile Italiener, die ab 1943 mit ihren Familien als Zwangsarbeiter in Deutschland lebten. So kam es, dass sich unter den hier Bestatteten auch 18 Kinder im Alter von 13 Jahren und jünger befinden. In den vergangenen Jahrzehnten wurden 108 Verstorbene exhumiert und in ihre Heimat überführt. Ihre Grabsteine sind mit *rimpatriato* (in die Heimat zurückgekehrt) gekennzeichnet. Die Namen von 197 Verstorbenen sind nicht bekannt.

Das Gräberfeld ähnelt eher einem Park als einem Friedhof.

Eingang zum italienischen Ehrenfriedhof

Das besondere Erlebnis

Schauen Sie sich auf dem Friedhof Westhausen die ungewöhnliche Trauerhalle an. Sie entstand 1963 im Stil des Brutalismus und ist seit dem Jahr 2000 ein Kulturdenkmal der Stadt Frankfurt.

15

DIE BERGER WARTE

Richtstätte und Krönungslager

Neben dem 12 Meter hohen Sandsteinturm an der Grenze zu Bergen-Enkheim wurden einst Menschen gehängt. Der Turm am höchsten Punkt Frankfurts hat in den vergangenen Jahrhunderten so allerhand gesehen.

Vilbeler Landstraße/Ecke Am Galgen **Ort** 60389 Frankfurt, **GPS** 50.1596989, 8.7384214
Anfahrt U4 bis Enkheim, umsteigen in Bus 551 bis Berger Warte

Neben dem Turm befand sich der Galgen.

TOD AM GALGEN Bergen-Enkheim, heute Frankfurts östlichster Stadtteil, gehörte im Mittelalter zur Grafschaft Hanau-Münzenberg – Enkheim war damals noch nicht Teil der Gemeinde. In jener Zeit befand sich in Bergen das Landgericht Hanau, das für Todesurteile in der gesamten Region des Fürstentums zuständig war. Der Regent, Graf Philipp I. (1449–1500), hatte 1484 beschlossen, den Ort aufgrund seiner strategisch günstigen Lage auf dem Berger Rücken zum Gerichtsort zu machen. Zum Tode verurteilte Delinquenten wurden nach der Verhandlung im Alten Rathaus am Marktplatz hinauf zum Galgen an der Berger Warte gekarrt. Die Richtstätte befand sich direkt neben dem Turm, der im 14. Jahrhundert als Beobachtungsposten und Geleitwechselstation errichtet worden war. Damals stand dort allerdings noch der hölzerne Vorgängerbau namens Geierswarte, der 1552 niederbrannte. Der Bau des heutigen Steinturms erfolgte fünf Jahre später – man benannte ihn nach dem Berg, auf dem er steht. Zwischen 1484 und 1834 wurden auf der Berger Warte 36 Todesurteile vollstreckt. Zur Abschreckung ließ man die Gehängten tagelang am Galgen baumeln. Das »Blutgerüst« wurde 1844 abgerissen. Aus den Steinen des Galgens wurde eine Treppe in der Berger Warte errichtet.

Treppe zum Turm – die Tür ist verschlossen.

Leopoldsäule

BLUTIGES SCHLACHTFELD Während des Siebenjährigen Krieges (1756–1763), in dem es um das geo- und machtpolitische Gleichgewicht in Europa ging, verwandelte sich die Gegend um Bergen in ein Schlachtfeld. Der französische Feldherr Marschall de Broglie befehligte seine 35 000 Mann starken Truppen von der Berger Warte aus, die am Karfreitag des Jahres 1759 gegen ein Heer aus 28 000 preußischen Soldaten kämpften. Die Franzosen siegten und besetzten Frankfurt für vier Jahre. Der Wartturm nahm während der Schlacht keinen Schaden, im Zweiten Weltkrieg um so mehr. Die Schäden wurden in den 1950er-Jahren beseitigt.

KRÖNUNGSLAGER Im September und Oktober 1790 lagerte an der Berger Warte die Armee der Landgrafschaft Hessen-Kassel unter Führung von Landgraf Wilhelm IX. Bis zu 6000 Soldaten sollten von hier aus die Kaiserwahl Leopolds II. in Frankfurt vor revolutionären Umtrieben und eventuell einfallenden französischen Truppen schützen. Leopold, ein Sohn der Erzherzogin Maria Theresia von Österreich, wurde am 30. September 1790 zum Kaiser des Heiligen Römischen Reiches gewählt und am 9. Oktober im Frankfurter Kaiserdom St. Bartholomäus als solcher gekrönt. Das Heerlager soll sich über 2 Kilometer erstreckt haben, und zwar vom Landgraben in Bergen bis zur Abzweigung der heutigen Alten Frankfurter Straße von der Friedberger Landstraße. Wilhelm IX. ließ unweit der Berger Warte eine Leopoldsäule zu Ehren des Kaisers errichten.

Das besondere Erlebnis

Geschichtsfan? Im Heimatmuseum Bergen-Enkheim (Berger Rathausplatz 1) findet man jede Menge Geschichte und Geschichten. Auch zur Berger Warte.

Wenn im Sommer alle Bäume grünen, sieht man den Turm kaum – im Winter, wenn alles kahl ist, wirkt er fast unheimlich.

Dass sich hier ein Atombunker versteckt, sieht man von außen nicht.

16

DIE ANGST VOR EINEM ATOMSCHLAG

Bunker Ilbenstadt

Im Fall eines nuklearen Angriffs im Kalten Krieg wollte man die Stadtregierung Frankfurts in Sicherheit wissen und beschloss im nahen Ilbenstadt den Bau eines Atombunkers.

Hanauer Straße **Ort** 61194 Niddal **GPS** 50.2727603, 8.8082753 **Anfahrt** Ab Frankfurt über A5
Bitte beachten Der Bunker kann nur im Rahmen einer Führung besichtigt werden.

DIE ANGST IM KALTEN KRIEG Nie war die Furcht vor einem Atomschlag größer als während der Kubakrise im Oktober 1962. Die Bundesrepublik hatte zwar bereits Ende der 1950er-Jahre ein gewaltiges Bunkerprogramm beschlossen, aber erst als in jenen Oktobertagen der Konflikt zwischen der Sowjetunion und den USA die Welt so nah wie nie an den atomaren Abgrund führte, nahm der Bunkerbau an Fahrt auf. Bis Ende der 1970er-Jahre entstanden bundesweit zahlreiche Schutzbunker. Wäre der Fall der Fälle allerdings tatsächlich eingetreten, hätte deutschlandweit nur ein sehr kleiner Teil der Bevölkerung in den Bunkern tatsächlich Zuflucht gefunden. So war der 1968 gebaute Atombunker in Ilbenstadt nicht für die Ilbenstädter gedacht, sondern für die Stadtoberen Frankfurts inklusive Einsatzkräften. Maximal 92 Menschen hätten im Fall eines atomaren Angriffs darin Platz gefunden und 30 Tage überleben können.

KEIN SCHUTZ FÜR DIE BÜRGER Wäre die Zivilbevölkerung inklusive der Familien der »Bunkerbewohner« im Ernstfall auf die Idee gekommen, an der Stahltür um Einlass zu bitten, hätte man sie mit Waffengewalt ferngehalten. Wie das Leben nach dem Tag X allerdings weitergegangen wäre, darüber hatte man nicht nachgedacht. Die Überlebenden hätten draußen verbrannte Ruinen und durch radioaktiven Niederschlag verseuchtes Wasser und verseuchte Erde vorgefunden. Ein Dasein hätten sie kaum mehr fristen können. Der fertig gebaute und mit eigener

Kommunikationsgeräte für die Verbindung nach draußen

Strom- und Wasser- sowie gefilterter Luftversorgung versehene Bunker in Ilbenstadt wurde 1970 vom Bundesamt für Zivilschutz an die Stadt Frankfurt übergeben.

Treppenhaus des Bunkers

VANDALISMUS In einer Märznacht 1985 schweißten Mitglieder des sogenannten »Kommando Jules Verne« die doppelwandige Stahltür auf, zertrümmerten Einrichtungsgegenstände und hinterließen ihre Beweggründe in Form von Parolen an der Wand wie: »Kein sicheres Plätzchen für die Bonzen«. Nach Ende des Kalten Krieges Anfang der 1990er-Jahre verlor der Bunker seinen Sinn und verfiel in einen jahrelangen Dämmerschlaf.

DAS RELIKT AUS STAHLBETON Der Bunker, der unterirdisch über drei Etagen verfügt, ist durch 3 Meter dicken Stahlbeton geschützt. Die Arbeits-, Schlaf- und Waschräume, Küche und Sanitätsstation sind zum großen Teil erhalten geblieben. Für die 90 im Bunker Einquartierten waren allerdings nur 30 Betten vorgesehen. Wäre der Ernstfall je eingetreten, hätten sie in Schichten leben müssen: Ein Drittel hätte acht Stunden lang schlafen, ein Drittel acht Stunden arbeiten und das letzte Drittel irgendeiner Freizeitbeschäftigung frönen können. Die Technik im Bunker ist noch original aus den 1960er-Jahren erhalten. Fernmelder, Telefon- und Funkzentrale wurden nie genutzt, sind zwar völlig veraltet, aber noch voll funktionsfähig. Von hier aus wollten die Frankfurter Stadtoberen das zivile Leben der Bürger im Krisenfall organisieren. Ob es nach einem Atomschlag draußen überhaupt noch funktionierende Funkmasten geschweige denn Leben gegeben hätte, ist zu bezweifeln.

Das besondere Erlebnis

Die Kommune Niddal erwarb den Bunker von der Stadt Frankfurt im Jahr 2001. Seitdem kümmert sich der Verein Bunker Ilbenstadt e. V. um das Relikt aus dem Kalten Krieg und bietet Führungen an. Bei einer Tour durch die drei Ebenen des Bunkers erfahren Sie allerhand Spannendes (Infos über Touren und Termine: www.bunker-ilbenstadt.de).

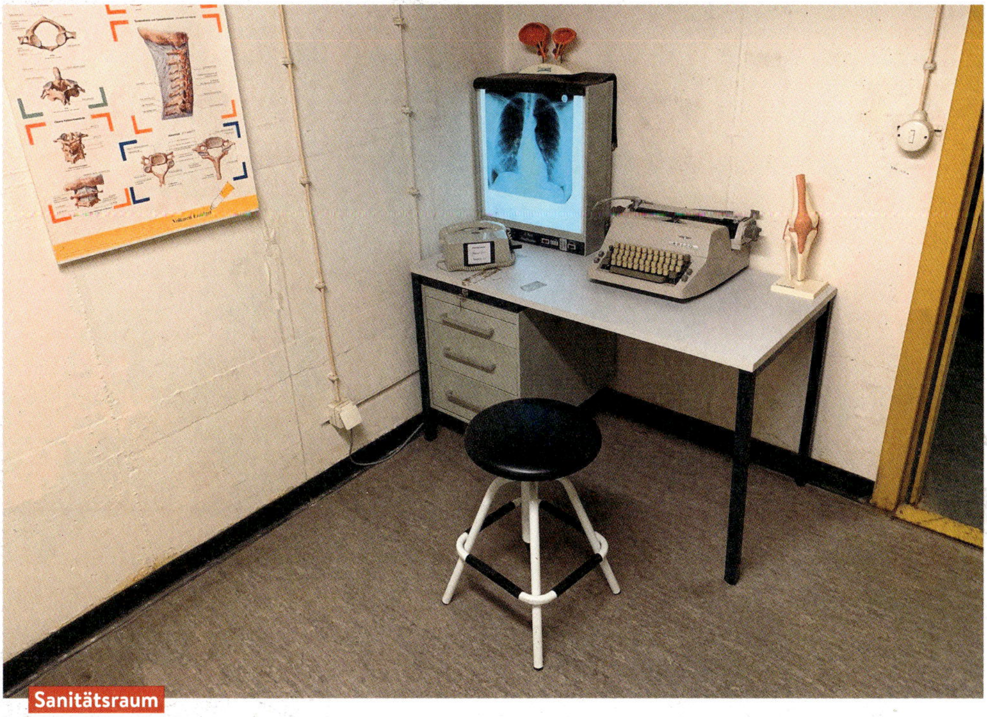

Sanitätsraum

Im Bunker war man auf jeden Krankheitsfall vorbereitet.

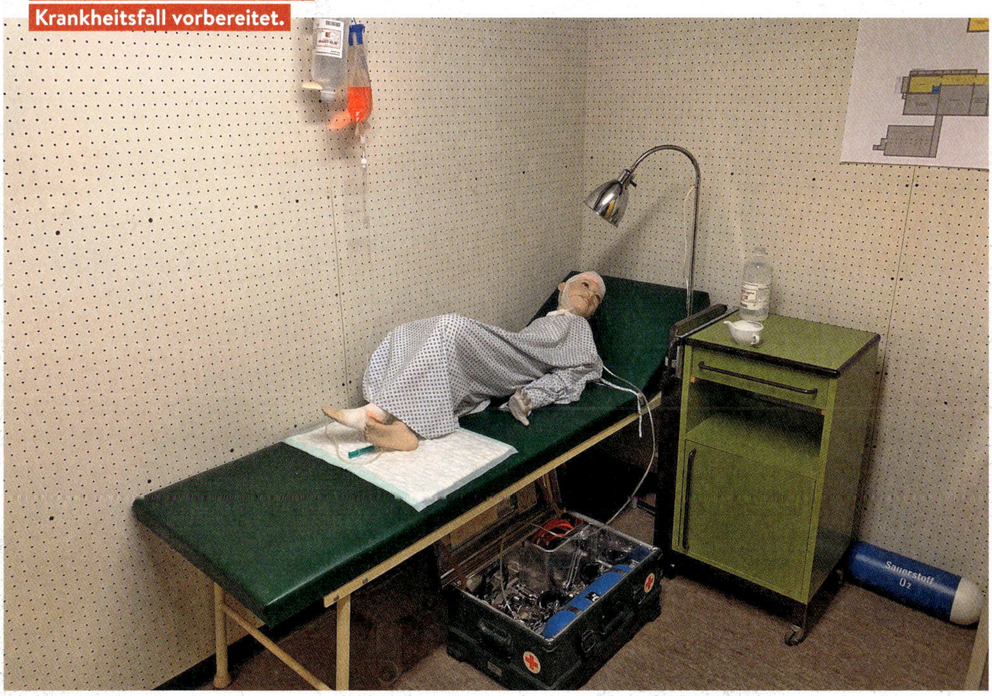

17

MIT VOLLGAS IN DEN TOD

Bernd-Rosemeyer-Denkmal an der A5

Der Spitzenfahrer der Auto Union AG, Bernd Rosemeyer, brach in den 1930er-Jahren einen Geschwindigkeitsrekord nach dem anderen. Der Versuch, seinen eigenen Rekord zu brechen, endete für den jungen Rennfahrer tödlich.

Rastplatz Bornbruch-West (zwischen Frankfurter Kreuz und Darmstadt) **Ort** 64546 Mörfelden-Walldorf **GPS** 49.9734981, 8.6030634 **Anfahrt** A5 in südliche Richtung

Ein wahrlich verlorenen Ort: Das hölzerne Denkmal neben der Steinsäule wurde gleich nach dem Tod des Rennfahrers errichtet.

SCHNELL, SCHNELLER AM SCHNELLSTEN

Bernd Rosemeyers (1909–1938) Leidenschaft für Geschwindigkeit begann, als er als Lehrling in der Kfz-Werkstatt seines Vaters im niedersächsischen Lingen an Motorrädern herumschraubte. Mit Autos hatte er damals noch nicht viel im Sinn – er wurde Motorradrennfahrer, fuhr ab 1930 Rennen für NSU und DKW und erzielte mehrere Siege. Erst fünf Jahre später stieg er auf Automobile um und begann als Werksfahrer bei der Auto Union AG in Chemnitz. Die Entwicklung deren Rennabteilung bei Horch in Zwickau leitete damals Ferdinand Porsche. Rosemeyer feierte bereits im September 1935 auf dem Masaryk-Ring bei Brünn seinen ersten Sieg und gewann nach einer Siegesserie 1936 die Grand-Prix-Europameisterschaft mit dem Auto Union Typ C.

DER RENNFAHRER UND DIE FLIEGERIN

Unter den Zuschauern in Brünn befand sich die Flugpionierin Elly Beinhorn (1907–2007), die 1932 mit 25 Jahren als erste Frau allein die Welt umrundet hatte. Die beiden wurden nach dem Rennen einander vorgestellt, verliebten sich zwar nicht auf den ersten Blick, aber auf den zweiten und heirateten im Juli 1936. Beinhorn flog nach der Hochzeit mit ihrer neuen »Bf 108 Taifun« erst einmal nach Damaskus, während Rosemeyer im italienischen Livorno trainierte. Ihre Hochzeitsreise

Dank Wegweiser kann man es nicht verpassen.

verbrachten die beiden wenig später in Südafrika, wo Rosemeyer am »Großen Preis von Südafrika« teilnahm – Elly Beinhorn flog ihren Mann persönlich hin. Im November des folgenden Jahres wurde ihr gemeinsamer Sohn, Bernd Rosemeyer jr., geboren.

WELTREKORD AUF DER A5 Im Mai 1935 wurde der Autobahnabschnitt Frankfurt-Darmstadt, heute Teil der A5, eröffnet. Die lange kerzengerade Strecke schien perfekt für Geschwindigkeitsrekorde. Im September 1937 gab die Oberste Sportbehörde bekannt, dass Ende Oktober auf einem Teil dieses Abschnitts eine Rekordwoche durchgeführt werden sollte. Bernd Rosemeyer war Feuer und Flamme. Als erster deutscher Fahrer wollte er dort die 400 Stundenkilometer-Grenze überschreiten – dafür trainierte er auf der Autobahn Halle–Leipzig. Während der Rekordwoche stellte Rosemeyer auf den Messstrecken von 5 Kilometern, 5 Meilen und 10 Kilometern gleich drei Weltrekorde auf. Er erreichte 404,585, 405,285 und 406,320 Stundenkilometer. Schon Ende Januar sollten neue Rekordfahrten auf der Autobahn bei Frankfurt stattfinden.

REKORDFAHRT IN DEN TOD Am 28. Januar 1938 startete Rudolf Caracciola kurz nach 8 Uhr morgens mit seinem »Silberpfeil« (Mercedes-Benz W 125) und brach mit 432,7 Stundenkilometern Rosemeyers Rekord. Das spornte den bis dahin schnellsten Autofahrer der Welt an, noch schneller zu sein. Bernd Rosemeyer startete gegen 11 Uhr seine Probefahrt und erreichte 429,9 Stundenkilometer. Er beklagte sich, dass der Motor noch nicht warm genug sei, um seine volle Leistung zu entwickeln. Vor den Kühler wurde deshalb eine weitere Abdeckung montiert. Rosemeyers Auto Union Typ R wurde angeschoben, er beschleunigte und verschwand in der Kurve hinter dem Startplatz. Die Fahrbedingungen waren nicht optimal. Die Temperaturen lagen um den Gefrierpunkt und es kam zunehmend Wind auf. Bei Kilometer 9,2 in Höhe der Anschlussstelle Mörfelden passierte es. Durch eine Windböe, so die Annahme, kam der Rennwagen von der Fahrbahn ab und überschlug sich mehrfach. Bernd Rosemeyer wurde aus dem Fahrzeug in den angrenzenden Wald geschleudert und starb noch am Unfallort.

DAS DENKMAL Am 28. Januar 1939, dem ersten Jahrestag seines Todes, wurde an der Unglücksstelle eine Steinsäule errichtet. »Dem Andenken an Bernd Rosemeyer, der an dieser Stelle am 28. Januar 38 bei Recordversuchen mit dem Rennwagen tödlich verunglückte« lautet die Inschrift auf dem Gedenkstein am Parkplatz »Bornbruch/West«, südlich der heutigen Anschlussstelle Langen/Mörfelden. Der Parkplatz wurde nach Bernd Rosemeyer benannt, 2014 von Hessen-Mobil aber in seinen heutigen Namen umbenannt. Die offizielle Begründung lautete: »Gemäß Richtlinien erhalten unbewirtschaftete Rastanlagen landschaftsbezogene Namen. So will es das Bundesministerium für Verkehr«. Inoffiziell soll es damit zu tun gehabt haben, dass Bernd Rosemeyer Mitglied der SS war. Er war 1932 in die Schutzstaffel eingetreten, um hauptberuflich Rennfahrer zu werden. Historische Belege, dass er einen aktiven Dienst innerhalb der SS leistete oder die Nazi-Ideologie teilte, gibt es nicht.

Das besondere Erlebnis

Rings um den Autobahnrastplatz gibt es außer der A5 nichts weiter zu sehen, deshalb hier der Filmtipp »Elly Beinhorn – Alleinflug« (z. B. Prime Video, aber auch als DVD im Handel). Ein Teil des Filmes handelt auch von der Rennfahrerkarriere Rosemeyers.

Die Säule wurde am ersten Jahrestag des Todes von Rosemeyer aufgestellt.

Die Wände des Gebäudes zeigen Namen und Fotos der ehemaligen Zwangsarbeiterinnen

18

EHEMALIGER ORT DES GRAUENS

KZ-Außenlager Walldorf

Dass es in Walldorf mal ein KZ-Außenlager gab, ist kaum bekannt. In diesem Lager waren 1700 ungarisch-jüdische Mädchen und Frauen unter unmenschlichen Bedingungen interniert und als Zwangsarbeiterinnen beim Ausbau des Frankfurter Flughafens eingesetzt.

Familie-Jürges-Weg 1 **Ort** 64546 Mörfelden-Walldorf **GPS** 50.0186133, 8.585628
Anfahrt Ab Frankfurt B44; zu Fuß: Ab Bahnhof Walldorf (Hessen) ca. 2 Kilometer via Farmstraße

DAS LAGER Es war ein Außenlager des KZ Natzweiler-Struthof im Elsass und Teil der sogenannten »Endlösung« für ungarische Juden, nachdem die Nazis im März 1944 Ungarn besetzt hatten. Vom 23. August bis zum 24. November waren im Lager 1700 jüdische Ungarinnen im Alter von 14 bis 46 Jahren interniert, die in Güterwaggons aus Auschwitz-Birkenau in Polen zur Zwangsarbeit nach Frankfurt gebracht wurden. Drei Tage waren sie unterwegs, in die Waggons gesperrt wie Vieh. Zu essen und trinken gab es während der langen Reise kaum etwas. »Wir wurden auf einer kleinen Bahnstation bei Frankfurt ausgeladen. Es war Mittagszeit; wir waren erschöpft und ohne Wasser«, erinnerte sich eine Überlebende. Sie mussten zu Fuß durch den Wald ins Lager marschieren.

Das mit Stacheldraht umzäunte Lager bestand aus sechs 45 bis 50 Meter langen Holzbaracken, in denen die internierten Frauen beengt auf dreistöckigen Holzpritschen schliefen. Neben den Unterkunftsbaracken gab es eine Waschbaracke, eine Krankenbaracke und eine Baracke, in der die Küche und der Folterkeller untergebracht waren. Wie von Überlebenden überliefert, wurde dort Elza Böhm, eine 43-jährige Pianistin aus Budapest, totgeschlagen. Der Grund ist nicht bekannt.

ARBEITEN BIS ZUM UMFALLEN Die Frauen mussten unter der Woche täglich zehn Stunden arbeiten – bei Wind und Wetter. Eine Überlebende des KZ-Außenlagers berichtete später: »Nach unserer Ankunft haben wir zuerst auf einem militärischen Flugplatz das Gelände mit Grastafeln auslegen müssen, dann arbeiteten wir beim Ausladen von Waggons, Baumfällen und Aufstapeln. Die langen Baumstämme mussten wir auf eigenen Schultern große Entfernungen tragen – Letzteres geschah, wenn das Wetter schlecht war und die Pferde geschont wurden. (...) Während der Arbeit war das sogenannte ›Klavierspielen‹ in ›Mode‹. Das bestand daraus, dass dem sich nach schwerer Last bückenden Gefangenen mit einem Stock auf den gestrafften Rücken gehauen wurde. Besonders grausam machte das ein 20-jähriger SS (Wachmann) mit Genuss.«

HUNGER UND KÄLTE Die dünnen Sommerkleider, in denen die Frauen und Mädchen im August angekommen waren, mussten sie auch im Herbst tragen – wärmere Kleidung war für sie im Lager nicht vorgesehen. »Es wurde kalt, wir wollten uns schützen und machten aus dem Papier der Zementsäcke (das wir vom Flughafen mitbrachten), Kleider und Kapuzen. Aber als unser Chef (Lagerführer) davon erfuhr, zog er uns zuerst das Abendbrot ab, dann ließ er den ganzen Block zusammenrufen und teilte mit, wenn er eine im Papierkleid ... sieht, wird er ihr für mehrere Tage das Essen streichen. Entgegen dem Verbot trugen wir die Papierkleider. Wir wollten nicht erfrieren ...«, erzählte Magda, eine Überlebende. Um die nackten Beine und Füße wickelten die Frauen Wellpappe, die sie mit Draht festbanden. Zur Kälte kam der ständige Hunger,

Auf Steinbrocken stehen Namen und Geburtsdaten der Zwangsarbeiterinnen.

denn zu essen gab es im Lager nur dünne Kraut- oder Rübensuppe mit ein wenig trockenem Brot. Einige Lager-Insassinnen starben an Unterernährung.

AUFLÖSUNG DES LAGERS Als das Lager am 24. November 1944 aufgelöst wurde, waren die meisten Frauen nicht mehr arbeitsfähig. 50 waren an Unterernährung oder Folter gestorben, die restlichen 1650 wurden ins KZ Ravensbrück gebracht. Nur etwa 300 Frauen erlebten das Kriegsende. Die Baracken des Lagers wurden Anfang der 1950er-Jahre gesprengt und das Areal neu aufgeforstet. Dass sich hier mal eine KZ-Außenstelle befand, wurde aus dem Gedächtnis der Walldorfer verdrängt und geriet schließlich in Vergessenheit. Anfang der 1970er-Jahre, als Zsuzsanna Farkas, eine Überlebende des Lagers, sich im Rathaus Walldorf nach einem Gedenkstein der ehemaligen KZ-Außenstelle erkundigte, wusste keiner der Angestellten, wovon sie redete. Sie waren der Ansicht, dass sie den Ort wohl verwechselt hatte.

SPURENSUCHE Als drei Jugendliche aus Walldorf 1972 auf einer Studienfahrt ins KZ Buchenwald auf einer Übersichtskarte der KZs und deren Außenstellen ihren Heimatort entdeckten, begannen sie nachzuforschen. In Akten des Bundesarchivs fanden sie die Bestätigung, dass sich im Waldgebiet ihres Heimatorts von August bis November 1944 tatsächlich eine KZ-Außenstelle befunden hatte. In Walldorf war man über diese Erkenntnis und die Recherche der drei jungen Mitbürger nicht gerade erfreut. Viele empfanden sie gar als »Nestbeschmutzung«. Die drei machten trotzdem weiter. Letztlich wurde im März 1980 ein Gedenkstein an der Stelle gesetzt, wo sich einst das Lager befunden hatte. Die Worte darauf lauten: »Zum Gedenken an die Opfer der ehemaligen KZ-Außenstelle des Konzentrationslagers Natzweiler / Aug.–Dez. 1944 / Die Toten mahnen / Nie wieder Faschismus / Nie wieder Krieg«. Eineinhalb Jahrzehnte später, 1996, wurden im Rahmen des städtischen Kulturprogramms »Begegnungen mit Ungarn« die Recherchen zum ehemaligen Lager wieder aufgenommen. Dank Zeugenprotokollen konnten einst hier inhaftierte Ungarinnen ausfindig gemacht und der Öffentlichkeit in einer Ausstellung im Rathaus präsentiert werden. Nach weiteren umfangreichen Recherchen wurde ein paar Jahre später die Einrichtung eines Rundwegs mit Infotafeln um das einstige Lagergelände beschlossen. Dieser wurde als »historischer Lehrpfad« im Beisein einiger überlebender Frauen aus dem Lager im Oktober 2000 eröffnet.

MARGIT-HORVÁTH-STIFTUNG Als die ungarisch-jüdische Walldorferin Klara S. von dem Projekt 1996 hörte, nahm sie Kontakt zum Städtischen Museum auf und erzählte von ihrer Freundin Margit Horváth, die 1944 im Lager inhaftiert worden war. Mit Horváth wurden daraufhin zahlreiche Gespräche geführt. Sie war nach dem Krieg zunächst in ihre Heimat zurückgekehrt, später nach Israel und schließlich nach Frankfurt am Main gezogen, wo sie 2001 verstarb – noch bevor sie das von ihr beantragte »Ent-

Textkärtchen erinnern an die früheren Insassinnen des Lagers.

Küchenruine

schädigungsgeld« für ihre KZ-Haft aus dem Entschädigungsfonds der Deutschen Wirtschaft erhalten sollte. Ihr Sohn, Gábor Goldmann, trug dieses Geld im August 2003 in Anerkennung der geleisteten Arbeit der Stadt Mörfelden-Walldorf an. Das Geld wurde zum Grundstock eines Stiftungsvermögens erklärt und zum Baustein für die nach Margit Horváth benannte Stiftung, die im Juli 2004 im Walldorfer Rathaus gegründet wurde. Ziel der Stiftung ist es, junge Menschen in ihrem Engagement für interkulturelle Verständigung, Toleranz und Zivilcourage zu unterstützen. So werden regelmäßig internationale Jugendprojekte durchgeführt und öffentliche Veranstaltungen zu Fragen der Rolle von Minderheiten im In- und Ausland organisiert.

AUSGRABUNG DES FOLTERKELLERS Im Rahmen von mehrwöchigen international zusammengesetzten »Work and Study Camps« der Margit-Horváth-Stiftung legten Studierende sowie Schüler und Schülerinnen aus verschiedenen Ländern ab 2005 die Kellerräume der ehemaligen Küchenbaracke frei. Da sie nur in den Ferien mit Schaufeln ans Werk gehen konnten, dauerte es Jahre, bis die Mauern freigelegt waren. Kurz vor der Gedenkfeier »70 Jahre KZ-Außenstelle in Walldorf« im November 2014 war es so weit. Die Grundmauern des ehemaligen Folterkellers lagen frei. Mitte 2016 erhielt die 200 Quadratmeter große Ausgrabungsfläche eine Schutzhülle aus Glas und Stahl und wurde zum Lernort.

Das besondere Erlebnis

Auf dem historischen Lehrpfad rund um das Waldgelände des ehemaligen Außenlagers erzählen Informationstafeln die Geschichte der internierten jüdischen Frauen und Mädchen, erklären Hintergründe und weisen auf die Lage des Kellers und der ehemaligen Küchenbaracke hin. Der Lehrpfad ist frei zugänglich, die Fundamentreste des ehemaligen Küchenkellers kann man durch die gläserne Wand sehen und im Rahmen einer Führung auch von innen besichtigen (Infos: www.margit-horvath.de).

19

DIE WEISSE FRAU VON DREIEICHENHAIN

Der Geist der Anna von Falkenstein

Als das von ihr gestiftete Spital abgerissen wurde, erschien die Gräfin den Dreieichenhainern zum ersten Mal. Einmal auf dem Areal des Spitals, ein andermal auf ihrem früheren Wohnsitz Burg Hayn.

Fahrgasse 52 **Ort** 63303 Dreieich-Dreieichenhain **GPS** 50.0016094, 8.7162551 **Anfahrt** Ab Frankfurt Hbf. mit RB61 bis Bahnhof Dreieich-Dreieichenhain, dann ca. 10 Minuten Fußweg

Viel ist nicht mehr vom Burggemäuer erhalten

Am Eingang zur Burg

Torbogen zur Burgruine

DAS GESPENST Viel ist nicht über Anna von Falkenstein bekannt, nicht einmal ihr genaues Geburtsdatum. Sie wurde als Tochter von Philipp VI. von Falkenstein auf Burg Hayn geboren. Man nimmt an, dass ihr Geburtsdatum vor 1353 liegt, denn in jenem Jahr starb ihre Mutter, Anna von Katzenelnbogen, 15 Jahre nach der Heirat mit Falkenstein. Da Anna das einzige Kind der beiden war, könnte sie Spätgebärende gewesen und im Wochenbett verstorben sein. Anna von Falkenstein vermählte sich 1374 mit einem Grafen Gottfried von Rieneck, der 1389 das Zeitliche segnete. Im Jahr darauf heiratete sie Graf Günther von Schwarzburg, einen Verwandten des Würzburger Bischofs Gerhard von Schwarzenburg. Der zweite Gatte verstarb irgendwann zwischen Juni 1397 und Dezember 1399. Ob Anna von Falkenstein Kinder in einer der beiden Ehen gebar, ist nicht bekannt. Nach dem Tod Günthers verlegte sie ihre Residenz auf Burg Hayn und widmete sich fortan den Armen. Um 1400 soll sie die Kirche von Offenthal gestiftet haben, im Jahr darauf ein Spital mit Kirche und Friedhof in Dreieichenhain. Anna von

In der Ruine spukt der Geist der weißen Frau.

↑ Fenster ins Nichts
↗ Alte Grabmale hinter der Burg

Falkenstein starb im Jahr 1420, ihr Spital wurde 1750 geschlossen und im Jahr 1764 abgerissen.

DER SPUK Nach dem Abriss des Spitals erschien die Frau in Weiß zum ersten Mal. So die Legende. Ein Nachtwächter will hinter den Friedhofsmauern ein Klagen und Weinen vernommen haben. Als er nachschaute, sah er eine weiß gekleidete Gestalt auf dem Friedhof herumirren. Erschrocken weckte er einige Anwohner, die sich sofort mit ihm auf den Weg machten, nachdem er ihnen von der Erscheinung berichtet hatte. Auch sie sahen die weiße Gestalt. Erst als ein Pfarrer herbeieilte und drei Vaterunser sprach, verschwand die Frau in Weiß. Ein Gesicht konnte zwar niemand erkennen, aber man war sich sicher, dass es sich bei der Gestalt nur um Anna von Falkenstein gehandelt haben konnte. Auch später berichteten Anwohner mehrfach von einer weißen Frau, die immer dort erschien, wo ihr Armenspital einst stand, in der Fahrgasse 42/Ecke Spitalgasse 2. Letztmals soll sie 1993 gesichtet worden sein.

Das besondere Erlebnis

Seit über 80 Jahren findet auf Burg Hayn im September das Hayner Burgfest statt, das ganz im Zeichen des Mittelalters steht. Manchmal gibt es dabei eine Stadtführung mit dem Schwerpunkt »Anna und das Spital«, die zu den Originalschauplätzen führt (Infos: www.hayner-burgfest.de).

An grauen Tagen wirkt die Ruine ebenso düster wie der Himmel.

Gettomauer mit den Namen Hanauer Juden, die während der NS-Zeit ermordet wurden

20

ERINNERUNG AN EINE DUNKLE ZEIT

Ehemalige Getto-Mauer in Hanau

Die alte Mauer in der Nordstraße ist der letzte im Original erhaltene Rest des jüdischen Gettos aus dem 16. Jahrhundert und eine der wenigen, die in Deutschland noch erhalten sind. Heute ist sie eine Gedenkstätte.

Nordstraße **Ort** 63450 Hanau **GPS** 50.1356903, 8.9199388 **Anfahrt** Bus 1 oder 2 bis Haltestelle Freiheitsplatz (die Mauer befindet sich am Gehweg vom Freiheitsplatz zur Main-Kinzig-Halle)

Erinnerung an die Jüdische Gemeinde Hanau

DIE NORDSTRASSE hieß früher Judengasse und war Standort des jüdischen Gettos. Nachdem während der Pestpogrome Mitte des 14. Jahrhunderts alle jüdischen Bürger Hanaus ermordet worden waren, siedelten sich erst wieder ab 1603 Menschen jüdischen Glaubens in Hanau an. Graf Philipp II. von Hanau-Münzenberg erließ in jener Zeit die sogenannte Judenstättigkeit, die das Leben der jüdischen Bürger in Hanau regeln sollte. So wurde ihnen eine Straße zugewiesen, die in Judengasse umbenannt wurde, und die an beiden Ausgängen mit Toren abschließbar war. An Sonntagen durften die Bewohner ihre kleine Gemeinde, das Getto, das direkt der gräflichen Verwaltung unterstellt war, nicht verlassen. Der Maler Moritz Daniel Oppenheim, der erste jüdische Maler, der weltweite Berühmtheit erlangte, wurde 1800 im Hanauer Getto geboren.

GLEICHSTELLUNG Als Hanau während der Napoleonischen Kriege von 1806 bis 1813 von den Franzosen besetzt wurde, hob Napoleon die Wohn- und Zugangsbeschränkungen für die jüdischen Bürger auf, sodass sie nun überall in der Stadt wohnen konnten. Das Getto fand mit der Gleichstellung der Hanauer Juden in den 1830er-Jahren sein Ende, 1898 wurde die Judengasse in Nordstraße umbenannt. Ein Teil der Mauer, die ab Ende des 17. Jahrhunderts anstelle einer hölzernen Abgrenzung errichtet wurde, ist erhalten.

DER HORROR IM DRITTEN REICH
Während der Novemberpogrome 1938

zog ein johlender Mob aus mehreren hundert Menschen zur Synagoge in der Nordstraße und brannte sie nieder. Die Zerstörungswut richtete sich anschließend gegen die jüdische Schule in der Nürnberger Straße und gegen den jüdischen Friedhof in der Mühltorstraße. Die wenigen jüdischen Bürger, die kurz nach Kriegsbeginn noch in Hanau lebten, wurden aus ihren Häusern vertrieben, mussten ins jüdische Gemeindehaus ziehen und wurden Anfang 1940 zu Zwangsarbeit herangezogen.

Vom einstigen Getto ist nur noch die Mauer mit dem Durchgang übrig.

Im Mai und September 1942 wurden jüdische Frauen, Kinder und Männer auf Anweisung der Gestapo vom Hanauer Hauptbahnhof aus in die Konzentrations- und Vernichtungslager des Ostens deportiert.

»Das tanzende Bild« – Skulptur für Moritz Daniel Oppenheim

GEDENKSTÄTTE EHEMALIGE GETTOMAUER Im Mai 2010 wurden im Rahmen einer Gedenkfeier an der alten Gettomauer 230 individuelle Bronzetäfelchen mit den Namen Hanauer Juden angebracht, die während des Nationalsozialismus ermordet wurden.

Das besondere Erlebnis

Schauen Sie sich auf dem Freiheitsplatz »Moritz und das tanzende Bild« an. Dort steht in Bronze gegossen und 2,20 Meter groß der Maler Moritz Daniel Oppenheim und schaut auf die ihm gewidmete Skulptur. Das 11 Meter hohe und 11 Tonnen schwere Kunstwerk samt Oppenheim-Figur von Robert Schad wurde 2015 auf dem Freiheitsplatz aufgestellt.

21

DIE RUINE IM WALD

Kloster St. Wolfgang

Wer auf dem Areal der historischen Klosterruine im Bulauwald steht, hat mitunter das Gefühl, sich an einem verwunschenen Ort aus einem Märchen der Gebrüder Grimm zu befinden.

Waldgebiet der Bulau zwischen Rodenbach und Hanau-Wolfgang **Ort** 63457 Hanau
GPS 50.133141, 8.996784 **Anfahrt** Ab Hanau über L3483

Viel ist vom einstigen Kloster nicht mehr übrig.

Rechts die Reste der Klosterkirche, links ein steinerner Brunnenkranz

ERASMUS HASEFUSS, Forstmeister des Grafen Philipp von Hanau-Münzenberg, ließ 1468 zu Ehren des Heiligen Wolfgang eine Kapelle im Bulauwald errichten. So die mündliche Überlieferung. Wolfgang von Regensburg, der 1052 heiliggesprochen wurde, ist unter anderem Schutzpatron für Holzarbeiter. In den 1490er-Jahren ließ sich bei der Kapelle eine Hand voll Servitenmönche nieder und gründete ein Kloster. Dazu ließ ihnen Graf Philipp ein Haus mit Schlafraum, Speisesaal und Werkstätten errichten sowie die Kapelle vergrößern. In seinem Testament hinterließ der Regent, der 1500 starb, den Mönchen »12 Achtel Korn und vier Gulden«. Dafür sollten sie ihm jährlich eine Messe lesen. Allzu lange blieben die Serviten nicht mehr, denn 1525, im Bauernkrieg, wurde das Kloster geplündert, verwüstet und zwei Jahre später endgültig zerstört – da war der Deutsche Bauernkrieg allerdings bereits seit einem Jahr vorbei. Die Bewohner, vier Mönche samt Prior, gaben das Kloster auf. Heute stehen noch der Turm, die Reste der Klosterkirche mit Sakristei und ein steinerner Brunnenkranz.

DER SCHAURIGE FUND In den Jahren 2013/14 fanden auf dem Areal der Kloster-

Der Klosterturm wird gerade renoviert.

Ruine des Sakristeigebäudes

ruine archäologische Ausgrabungen statt. Dabei stieß man im einstigen Kirchenraum auf einen menschlichen Schädel – weitere Skelettteile wurden nicht gefunden. Mehr, als dass der Schädelfund Rätsel aufgab, erfuhr man auch Jahre später nicht aus den Zeitungen. Sein Alter, wie derjenige, auf dessen Hals der Schädel mal saß, umkam, wieso er in der Klosterruine ohne sonstige Körperknochen vergraben lag, lässt jede Menge Raum für Fantasie! Außer dem gruseligen Fund fand man bei den Ausgrabungen nördlich der Kirchenruine einen Vorgängerbau, es wurden unterkellerte Wohn- und Wirtschaftsgebäude freigelegt sowie an der Sakristei ein runder Treppenturm, dessen Bodenbelag Fliesen mit dem Wappen der Hanauer Grafen zeigten.

»GOCKEL, HINKEL UND GACKELEIA« heißt der Märchenroman von Clemens Brentano aus dem Jahr 1838, für den der Dichter die Klosterruine als Schauplatz wählte. Zumindest lassen die im Roman enthaltenen Ortsbeschreibungen vermuten, dass St. Wolfgang als Vorlage für »Gockelsruh«, den alten Stammsitz der von Gockel, diente. Brentano soll das Märchen in den 1830er-Jahren auf dem unweit gelegenen Hofgut Trages geschrieben haben, wo seine Schwester, Kunigunde von Savigny, lebte.

Das besondere Erlebnis

Tauchen Sie im Historischen Museum Schloss Philippsruhe in Hanau in vergangene Zeiten ein. Zum Beispiel in »Grimmsmärchenreich« oder ins Papiertheatermuseum, wo Sie eine Welt voller filigraner Figuren erwartet (Infos: www.museen-hanau.de).

Ansicht der Klosterruine
mit Turm und Sakristei

Unter dem Eingang zum Bunker sieht es recht düster aus.

22

DER EHEMALIGE RICHTHOFENBUNKER

Mozartturm Darmstadt

In dem Luftschutz- und Flakbunker mit der Turmkanzel aus Edelstahl wurde im März 1945 die Kapitulation Darmstadts unterzeichnet. Heute steht das düstere Relikt aus dem Zweiten Weltkrieg etwas verloren auf einer Anhöhe zwischen der viel befahrenen Rheinstraße und einem Wohngebiet.

Rheinstraße 111 **Ort** 64295 Darmstadt **GPS** 49.8700589, 8.6284316 **Anfahrt** Straßenbahn 4, 9 bis Haltestelle Mozartturm; zu Fuß ab Hbf. ca. 5 Minuten

VON RICHTHOFEN Als der Bunker in den 1930er-Jahren an strategisch wichtiger Stelle am westlichen Eingang zur Stadt nahe des Hauptbahnhofs errichtet wurde, prangten an der Fassade der Reichsadler und darunter der Name von Richthofen. Die Nazis verehrten Manfred von Richthofen, das Flieger Ass aus dem Ersten Weltkrieg. Statt der heutigen Edelstahlkanzel mit Mobilfunkmast thronte seinerzeit ein Flugabwehrgeschütz auf dem Dach. Klar, dass der Flakturm nach dem erfolgreichen Jagdflieger Richthofen benannt wurde, der zwischen Herbst 1916 und Frühjahr 1918 in seiner einsitzigen Fokker Dr.1 80 gegnerische Flugzeuge abschoss, am 21. April 1918 im Luftkampf über Nordfrankreich letztlich aber selbst dran glauben musste.

FLUGABWEHRGESCHÜTZ Wann genau der Richthofenbunker gebaut wurde, lässt sich nicht eruieren. Manche Quellen sprechen von 1939, andere von 1936. Tatsache ist, dass man sich im Dritten Reich erstmals vor dem Hintergrund der Sudetenkrise im Mai 1938 mit der Errichtung einer Flak-Zone bzw. der »Luftverteidigungszone West« beschäftigte. Nur wenige Wochen später begann die Luftwaffe mit dem Bau von bunkermäßig ausgebauten Flakbatterien. Im Fall der Fälle sollten feindliche Luftstreitkräfte beim Einflug ins Reichsgebiet behindert und zu Flughöhen über 6000 Meter gezwungen werden. Als der Zweite Weltkrieg ausbrach, wurden in Großstädten Flakturmanlagen mit darunterliegenden Bunkern errichtet. Wichtigstes Flugabwehrgeschütz der Wehrmacht war die 12,8-cm-Flak 40, die auf Flaktürmen eingesetzt wurde. Ob eine solche auch auf den Richthofenbunker montiert wurde, ist nicht bekannt. Im September 1942 waren deutschlandweit erst 16 dieser Art einsatz-

Wahrscheinlich war das mal ein Luftschacht

Spitzbunker am Dornheimer Weg

bereit. Darmstadt wurde ab Sommer 1940 Ziel alliierter Luftangriffe – in der Nacht vom 11. auf den 12. September 1944 legte die britische Luftwaffe die Innenstadt in Schutt und Asche. Während dieses als »Brandnacht« in die Stadtgeschichte eingegangenen Angriffs wurden vom Richthofenbunker aus die Feuerbekämpfung und Rettung eingeschlossener Menschen geleitet.

KULTUR STATT FLAK Die Amerikaner »entfestigten« den Turm 1945. Von 1950 bis in die 1960er-Jahre wurde das unförmige Monstrum als Obdachlosenasyl genutzt, danach von der Stadt verpachtet. Pächter war der 2020 verstorbene Darmstädter Sebastian Tropp, der 1972 ein Mozart-Archiv mit Tonstudio und eine kleine Veranstaltungsbühne einrichtete und so aus dem ehemaligen Flakturm den Mozartturm machte. Hinter den dicken Bunkermauern fanden Konzerte, Ausstellungen und Theateraufführungen statt, und das düstere Weltkriegsrelikt avancierte innerhalb kurzer Zeit zum beliebten Treffpunkt der Darmstädter Kulturszene. Seit 2002 krönen eine Turmkanzel aus Edelstahl und ein Mobilfunkmast den Turm. Nach dem Tode Tropps gaben die Erben der Stadt den Schlüssel zurück und baten um Auflösung des Pachtvertrags. Wie der Bunker in Zukunft genutzt werden soll, wurde noch nicht entschieden.

Das besondere Erlebnis

In Darmstadt gibt es vier Spitzbunker aus dem Zweiten Weltkrieg. Einer davon steht weniger als 10 Gehminuten vom Mozartturm entfernt am Dornheimer Weg. Das Gelände darf nicht betreten werden, aber von der Brücke und dem Platz links neben dem Holiday Inn Express haben Sie einen hervorragenden Blick auf das Bauwerk.

Der ehemalige Flakturm steht heute unter Denkmalschutz.

23

DEN LEBENDEN ZUR MAHNUNG

Ruine der Stadtkapelle

Ein verheerender Luftangriff während des Zweiten Weltkriegs zerstörte die neugotische Saalkirche fast komplett. Anstatt die drei verbliebenen Außenmauern abzureißen, blieben sie als Mahnmal stehen.

Kapellplatz **Ort** 64283 Darmstadt **GPS** 49.8703889, 8.6585521
Anfahrt Tram 3 bis Schulstraße, dann ca. 200 m Fußweg

Skulptur des Darmstädter Künstlers Thomas Duttenhoefer

Was von der Kirche nach einem Luftangriff 1944 übrig blieb

SPUREN DES KRIEGES In der Nacht vom 11. auf den 12. September 1944 flog die britische Luftwaffe einen Großangriff über Darmstadt und machte den alten Stadtkern in weniger als einer Stunde dem Erdboden gleich. Laut Angaben des »Bomber Command Summary of Operations« warfen 221 Bomber zwischen 23.55 und 0.20 Uhr 191 Luftminen, 33 Sprengbomben und 285 848 Stabbrandbomben ab und verwandelten die Stadt in ein Feuerinferno. Erst gegen vier Uhr morgens ebbte der Feuersturm über Darmstadt ab. Etwa 12 000 Menschen verloren in dieser Nacht ihr Leben. Manche fand man erst Monate später in den Trümmern, viele konnten nicht mehr identifiziert werden. Fast 80 Prozent der Innenstadt waren zerstört, überall standen Ruinen ausgebrannter Häuser. Die Beseitigung der ca. drei Millionen Kubikmeter Trümmerschutt dauerte 15 Jahre. Der Wiederaufbau zog sich über fast drei Jahrzehnte hin. Man beschloss, die Stadtkapelle am Kapellplatz nicht wieder aufzubauen, sondern sie als Mahnmal gegen den Krieg stehen zu lassen.

DAS MAHNMAL Am 11. September 1954, zehn Jahre nach der verheerenden Brandnacht, wurde die Kirchenruine zum Mahnmal umgestaltet. Dazu wurde der Eingangsbereich abgerissen, die Außenmauern gesichert, mit Beton auf gleiche Höhe gebracht und am oberen Rand mit Ziegeln versehen. In der Mitte der ehemaligen Saalkirche

Die Außenmauern der Ruine

wurde ein 7 Meter hohes Granitkreuz im Boden verankert, davor liegt eine Steinplatte mit der Aufschrift: »Den Opfern des Krieges und der Gewaltherrschaft«. An einer der Wände steht an einer Tafel in Stein gemeißelt: »Den Lebenden zur Mahnung. Haltet fest am Frieden«. Dort, wo sich der Eingangsbereich befand, finden sich die Jahreszahlen der Nazidiktatur wieder: auf der linken Seite 1933, rechts 1945. Zum 50. Jahrestag des Kriegsendes erfuhr das jahrelang kaum beachtete Mahnmal im Mai 1995 eine Sanierung sowie eine Erweiterung. Dazu erschuf der Darmstädter Künstler Thomas Duttenhoefer ein sechsteiliges Bronze-Ensemble, dessen Mittelpunkt die gigantische Skulptur eines von Leid gekrümmten Mannes bildet.

DER KAPELLPLATZ Benannt ist der Platz nach der Friedhofskapelle, die hier im Jahr 1601 errichtet wurde. In jener Zeit befand sich auf dem Areal ein 1564 angelegter Friedhof, der bis 1828 in Nutzung war. Die meisten Grabmäler wurden 1866 entfernt, die Kapelle wurde zwei Jahre später abgerissen. An ihrer Stelle entstand im selben Jahr die neugotische Saalkirche, deren Ruine heute das Mahnmal bildet. Der Kapellplatz wurde in den Nachkriegsjahren zu einer Parkanlage mit Pflasterwegen und Bäumen umgestaltet. Verstreut stehen noch ein paar alte Grabsteine im Park.

Das besondere Erlebnis

Absolut sehenswert in der kleinen Parkanlage ist die Steinskulptur »Seherin« des Darmstädter Bildhauers Hermann Geibel aus dem Jahr 1932/33. Sie befindet sich an einem Weg nördlich der Kirchenruine. Eine Tafel am Sockel weist darauf hin, dass die Skulptur in der Brandnacht im September 1944 beschädigt wurde.

Sieben Meter hohes Granitkreuz in der Mitte der Kirchenruine

Burg Frankenstein im Odenwald

24

DAS MONSTER LÄSST GRÜSSEN

Burg Frankenstein

Burg mit Schauderfaktor? Es war der Ulk eines amerikanischen Reporters, der die Burg in Verbindung mit der berühmten Romanfigur »Frankenstein« brachte. Die einzige Gemeinsamkeit ist tatsächlich nur der Name.

Burg Frankenstein **Ort** 64367 Mühltal (südöstlich des Darmstädter Stadtteils Eberstadt). **GPS** 49.793716, 8.6680853 **Anfahrt** Ab Darmstadt Hbf. mit Tram 1 bis Haltestelle Eberstadt-Wartehalle, umsteigen in Bus BE1 bis Nieder-Beerbach, Haltestelle Untergasse. Von dort ca. 2 km zu Fuß auf Waldwegen zur Burg

DER HALLOWEEN-STREICH Am 31.10.1952 kündigte die amerikanische Militärzeitung »Stars and Stripes« die AFN-(American Forces Network) Sondersendung »Live von Burg Frankenstein« an. Dazu hatte sich der in Frankfurt stationierte AFN-Reporter John A. Keel die Legende eines Monsters ausgedacht, das die Burg alle hundert Jahre heimsucht. Frankenstein Castle? Die Hörer brachten das sofort in Verbindung mit dem berühmten Horrorfilm, in dem Boris Karloff die von Dr. Frankenstein aus Leichenteilen geschaffene Kreatur verkörperte. Live am Radio dabei sein, wenn das Monster zuschlug? Das wollte keiner verpassen. Wie Kiel später in seinem 1957 erschienenen Buch »Jadoo« schrieb, hatte er den Auftrag, sich eine schaurige Halloween-Sendung auszudenken. So kam ihm die Idee mit der Burg Frankenstein. An Halloween präparierte er mit eingeweihten Kollegen die Burgkapelle, entsprechend. In seinem Buch schrieb er: »Wir nahmen drei Radiosprecher mit auf den gefährlichen Pfad zu der düsteren alten Burg, statteten sie mit speziellen tragbaren Mikrofonen aus und erklärten ihnen, dass das Monster alle hundert Jahre auf der Suche nach seinem Mörder zurückkehren würde und dass dies die Nacht war. Dann entließen wir sie in die Dunkelheit.« Das heißt, in die »Gruft«.

DIE TODESANGST DES REPORTERS Da sie live auf Sendung waren, bekamen die Hörer mit, wie die drei im schwachen Schein der Taschenlampen über Gerümpel stolperten und aus versteckten Lautsprechern Geräusche kamen. Als plötzlich eine als Monster hergerichtete Statue auftauchte und sich bewegte, gerieten sie in Panik. Was sie nicht wissen konnten, war, dass die Wachsstatue an Seilen hing und wie eine Marionette

Fenster im Burggemäuer

Die Burg ist zum größten Teil eine Ruine.

bewegt wurde. Als sie zur Tür rannten und feststellten, dass sie verschlossen war, erschrak einer der drei, Carl Nelson, fast zu Tode. Angehörige der US-Streitkräfte in ganz Europa, die an diesem Abend vor dem Radio saßen, hörten die Todesangst in seiner Stimme. »Please God, please help«, rief er immer wieder, als er an die Tür hämmerte. Erst als er vor Schreck in Ohnmacht fiel, öffnete die Crew die Tür.

DAS ENTSETZEN DER HÖRER Zum Erstaunen von AFN hatte der Halloween-Scherz die gleiche Wirkung wie Orson Welles Hörspiel »War of the Worlds« am 30. Oktober 1938. Der Schauspieler hatte den Science-Fiction-Klassiker seinerzeit so realistisch inszeniert, dass die Menschen in den USA tatsächlich glaubten, eine Invasion vom Mars hätte stattgefunden. In seinem Buch schrieb John Keel: »Im ganzen Rheintal verriegelten Menschen panisch ihre Türen. Die Militärpolizei schickte ein halbes Dutzend Streifenwagen auf den Berg, um herauszufinden, was da vor sich ging. Tausende erschrockene Hörer riefen in sämtlichen AFN-Stationen an – die Telefone standen nicht still. Der London Daily Express rief um 1 Uhr morgens an, um herauszufinden, was los war.« Auch der London Times war der Halloween-Scherz eine Schlagzeile wert. Auf YouTube kann man sich die Horrorminuten auf Burg Frankenstein unter »Frankenstein Castle Hoax BBC 1952« anhören.

DIE ROMANFIGUR FRANKENSTEIN Aufgrund ihres Namens wird die Burg gern in Verbindung mit dem gleichnamigen Roman von Mary Shelley gebracht. Fakt ist jedoch, dass es keinerlei historische Belege gibt, dass die britische Autorin je auf der Burg war oder von ihr gehört hatte. Tatsächlich hatte Shelley

Burgkapelle

Die Burg bietet einen hervorragenden Blick ins Tal.

die Idee zu ihrem Schauerroman im Sommer 1816 während eines Urlaubs am Genfer See. Den Nachnamen Frankenstein soll sie in der Schweiz gehört und beschlossen haben, ihre Romanfigur so zu nennen. Der berühmte Viktor Frankenstein aus dem Roman stammt aus Genf. Seinen aus Leichenteilen zusammengesetzten Menschen erschuf er als Student der Naturwissenschaften an der Universität Ingolstadt, nicht bei Donner und Blitz auf einer Burg, sondern auf dem Dachboden seines Wohnhauses. Mary Shelleys Werk, der erste »Science-Fiction-Roman« der Literatur »Frankenstein oder der moderne Prometheus« erschien 1818 in London.

DER MYTHOS LEBT WEITER John Keels Halloween-Streich trat eine Lawine los. Amerikaner, die ihre in Deutschland stationierten Familienangehörigen besuchten, hörten von der Burg und dem angeblichen Monster und trugen dazu bei, dass Burg Frankenstein in den USA bekannt wurde. Ganz besonders, als Keel später behauptete, Mary Shelleys »Frankenstein« hätte seinen Ursprung tatsächlich auf der Burg. In den folgenden Jahrzehnten kamen amerikanische Touristen scharenweise, um sich *the real home of the monster* anzuschauen. 25 Jahre nach dem legendären Halloween-Scherz von AFN organisierte der bei der US Army in Darmstadt stationierte Fotojournalist Brian Hill ein Halloween-Festival auf der Burg für die Soldaten und ihre Familien. Da das Fest in der »Military Community« großen Anklang fand, wurde es zu einem jährlichen Event, an dem bald auch Deutsche teilnahmen. Heute ist das schaurig-schöne Fest in der 1000 Jahre alten Burgruine eines der größten Halloween-Festivals Deutschlands.

Das besondere Erlebnis

Bereit für das Grauen? Dann nichts wie hin zur Halloween-Party auf Burg Frankenstein. Das Gruselvergnügen findet an drei Wochenenden im Oktober/November statt (Infos: www.frankenstein-halloween.de/das-event/halloween/).

25

DER VERGESSENE SOLDATENFRIEDHOF

Letzte Ruhestätte sowjetischer Kriegsgefangener

Ein Gräberfeld aus dem Zweiten Weltkrieg erwartet man nicht inmitten der ländlichen Idylle des von Feldern und Wiesen umgebenen Ortes in Klein-Zimmern. Wie kam es, dass Kriegsgefangene der Roten Armee östlich von Darmstadt auf einem Acker verscharrt wurden?

Brünnchenweg (Reinheimer Hohl) **Ort** 64846 Klein-Zimmern (der Friedhof liegt ca. 0,5 km südlich des Ortskerns) **GPS** 49.8615017, 8.8497077
Anfahrt Mit dem Auto ab Darmstadt über B26 und L3115

Der Soldatenfriedhof liegt ziemlich abseits – ein wahrlich vergessener Ort.

NACH KRIEGSBEGINN 1939 beschlagnahmte die NSDAP das St. Josephshaus in der Burgstraße, um es als Gefangenenlazarett zu nutzen. Als Deutschland der Sowjetunion im Juni 1941 den Krieg erklärte, übernahm die SS den Gebäudekomplex. Die Mehrzahl der Gefangenen stammte nun aus der Sowjetunion und Serbien, ab 1943 kamen jedoch auch italienische Militärinternierte dazu. Da Deutschland einen Vernichtungskrieg gegen die Sowjetunion führte, wurden die sowjetischen Kriegsgefangenen entsprechend schlecht behandelt. In der Gefangenenhierarchie der Nationalsozialisten gehörten sie zur untersten Kaste. Ihre Decken waren dünner und die Essensrationen geringer als die der Mitgefangenen anderer Nationen. Ihr Tod durch Erschöpfung, Hunger und Krankheit war einkalkuliert. Entsprechend hoch war die Sterblichkeit. Zwischen 1941 und 1945 starben mehr als 400 Angehörige der Sowjetarmee im Lazarett von Klein-Zimmern.

WOHIN MIT DEN TOTEN? Im Herbst 1941 stellte die Gemeinde dem Lazarett einen Acker in der Reinheimer Hohl zur Verfügung, auf dem die toten Soldaten verscharrt werden konnten. Anfangs wurden je fünf Tote nebeneinander in reihenweise angeordneten Sammelgräbern beerdigt. Die Gräber wurden mit Holztäfelchen gekennzeichnet, auf denen die Nummern der Erkennungsmarken der verstorbenen Soldaten standen. Nach 1944 gingen die Beerdigungen weniger

Erst beim zweiten Hinschauen bemerkt man das Gräberfeld.

Ohne das Schild würde man keinen Friedhof hinter dem Tor erwarten.

geordnet vonstatten. Die Holztafeln verschwanden bei Kriegsende. Ob sie als »belastendes Material« entfernt oder als Brennholz genutzt wurden, ist nicht klar. Da über alle Kriegsgefangenen Buch geführt worden war, fand man auch ohne Kennzeichnung auf den Gräbern heraus, wer auf dem Acker beerdigt wurde. Starb ein Kriegsgefangener, wurde eine Meldung an das für das Lazarett in Klein-Zimmern zuständige Stammlager »Stalag IX/B« angefertigt. Dieses leitete die Meldung an die Wehrmachtsauskunftsstelle in Berlin, d. h. im letzten Kriegsjahr nach Meiningen in Thüringen weiter. So fand man nach dem Krieg die Namen von 380 sowjetischen Soldaten heraus, die auf dem Acker ihre letzte Ruhestätte fanden. Begraben worden sein sollen allerdings rund 450 Personen. Man nimmt an, dass die sowjetischen Soldaten, die nach der Befreiung durch die Amerikaner am 25. März 1945 im Lazarett verstarben, auf dem Acker in Einzelgräbern beigesetzt wurden.

DER SOLDATENFRIEDHOF Die amerikanische Landeskommission für Hessen wurde 1950 auf den ungepflegten Zustand der Gräberstätte aufmerksam und sorgte dafür, dass der Landkreis ihr ein würdiges Aussehen verlieh. Es wurden daraufhin Bäume gepflanzt, ein über 4 Meter hohes orthodoxes Holzkreuz aufgestellt, das Areal mit einem Eingangstor

versehen und von einem russisch-orthodoxen Priester eingesegnet. 1961 erfuhr die Gräberstätte auf Initiative des »Volksbund Deutsche Kriegsgräberfürsorge« eine erneute Umgestaltung. Damit die Begräbnisstätte auch von außen tatsächlich als solche zu erkennen war, wurden über das Gelände verteilt symbolische Kreuze gesetzt. Anstelle eines neuen Kreuzes für das nunmehr verwitterte Holzkreuz erhielt die Gräberstätte einen Gedenkstein aus rotem Sandstein mit deutscher und russischer Inschrift: »Hier ruhen russische Kriegsgefangene, die in der schweren Zeit 1941–1945 fern von ihrer Heimat starben«. Sechs Jahrzehnte später, am 22. Juni 2021, dem 80. Jahrestag des deutschen Überfalls auf die Sowjetunion, bekam die Kriegsgräberstätte eine zweisprachige Informationstafel des Volksbunds mit Infos zum Schicksal der hier begrabenen Soldaten.

Das besondere Erlebnis

Schauen Sie sich in Klein-Zimmern von außen das St. Josephshaus an, in dem sich während des Zweiten Weltkriegs das Gefangenenlazarett befand. Der Gebäudekomplex war mal eine mittelalterliche Wasserburg aus dem 13. Jahrhundert. Das St. Josephshaus, das dem Bistum Mainz gehört, beherbergt heute ein Jugendhilfezentrum.

Die Ruine liegt idyllisch im Park.

26

ZUM HEILIGEN GRABE

Kirchenruine im Park Schöntal in Aschaffenburg

Die Ruine, einst »Heiliggrabkirche der Beginen« gehörte im 16. Jahrhundert zu einem Beginenkonvent, zu dessen Vorsteherin der Kardinal Albrecht von Brandenburg seine Mätresse Agnes Pless machte.

Hofgartenstraße 1A **Ort** 63739 Aschaffenburg **GPS** 49.9758165, 9.152658
Anfahrt Ab Hbf. zu Fuß ca. 10 Minuten, alternativ Bus 3 oder 4 bis Hofgartenstraße

Brücke zum verschlossenen Eingang der Ruine

DIE METZGERSTOCHTER UND DER KIRCHENMANN Wie Agnes Pless und der Kardinal Albrecht von Brandenburg sich kennenlernten, ist nicht bekannt. Was man über Agnes weiß ist, dass Sie 1502 in Frankfurt am Main als Tochter eines Metzgermeisters geboren wurde und mit 19 Jahren einen gewissen Hans Pless heiratete, der aber schon sechs Jahre später verstarb. Bald nach dem Tod ihres Mannes muss sie Bekanntschaft mit dem zwölf Jahre älteren Kardinal gemacht haben, denn an dessen Seite tauchte sie ab 1529 plötzlich auf. Albrecht von Brandenburg, der dem Haus Hohenzollern und somit dem Hochadel entstammte, war seinerzeit der ranghöchste deutsche Kirchenfürst und erbitterter Gegner von Martin Luther. Seine Hauptresidenz befand sich ab 1514 auf der Moritzburg in Halle, wo auch Agnes ab 1531 ein Haus besaß, in dem sie mit ihrer Mutter lebte. Als Halle protestantisch wurde, floh der Kardinal 1541 samt Mätresse und »Schwiegermutter« nach Aschaffenburg, wo Agnes in der Kleinen Webergasse auf Vermittlung ihres Gönners ein Haus erwarb. Der Kardinal soll den größten Teil der Ausstattung der Hallenser Stiftskirche »entwendet« und sie in der Aschaffenburger Schlosskirche untergebracht haben.

DIE KIRCHENRUINE Albrecht von Brandenburg ließ im heutigen Park Schöntal, da-

Teil der Außenmauer

mals dem Tiergarten, zwischen 1543 und 1545 die Heiliggrabkirche errichten. Sie war für das Beginenstift im Schöntal gedacht, zu dessen Vorsteherin er Agnes Pless gemacht hatte – schließlich sollte seine Mätresse auch nach seinem Tod standesgemäß versorgt sein. Beginen waren Frauen, die ohne Klostergelübde ein religiöses Leben führten. Lange stand die Kirche nicht in ihrer vollen Pracht. Im »Schmalkaldischen Krieg« (Kaiser Karl V. gegen die Protestanten) 1546–1547 sowie im Zweiten Markgrafenkrieg 1552 wurde das Gebäude weitgehend zerstört, der Zweite Weltkrieg besorgte den Rest.

TOD UND ARREST Dem Konvent samt Kirche wurde nach dem Tod des Kardinals die Existenzgrundlage entzogen. Als er am 24. September 1545 in der Martinsburg zu Mainz starb, wurde seine langjährige Mätresse noch an seinem Todesbett verhaftet und mehrere Monate unter Arrest gestellt. Das Mainzer Domkapitel war der Überzeugung, dass sie im Besitz von Wertgegenständen sei, die dem Erzstift Mainz gehörten. Schließlich wurde Agnes Pless zu einer Zahlung von 44 000 Gulden an das Domkapitel verdonnert. Trotz der hohen Zahlung soll sie danach noch sehr vermögend gewesen sein. Kurz vor ihrem Tod heiratete Agnes den verarmten hessischen Adligen Raban von Holzheim, starb aber schon zwei Wochen nach der Hochzeit und hatte Albrecht nur um eineinhalb Jahre überlebt.

Das besondere Erlebnis

Machen Sie einen Spaziergang durch den wunderschönen Landschaftsgarten Park Schöntal – eine Oase der Ruhe und Entspannung.

Wie groß die Kirche mal war, lässt sich kaum erahnen.

27

AUF PARZIVALS SPUREN

Burgruine Wildenberg im Landkreis Miltenberg

In der Burg inmitten dichter Wälder soll Wolfram von Eschenbach im frühen 13. Jahrhundert einen Teil seines Monumentalwerkes »Parzival« verfasst haben. Das Ritter-Epos gilt als literarische Sensation des Mittelalters.

Burg Wildenberg liegt auf einem Bergsporn im Mudtal zwischen den Ortschaften Kirchzell, Hesseneck und Mudau **Ort** 63931 Kirchzell **GPS** 49.5963417, 9.1955222 **Anfahrt** ab Darmstadt B26 und B469 bis Amorbach, dann Kirchzeller Straße, ab Kirchzell ca. 2 km zu Fuß

Der alte Kamin ist noch relativ gut erhalten.

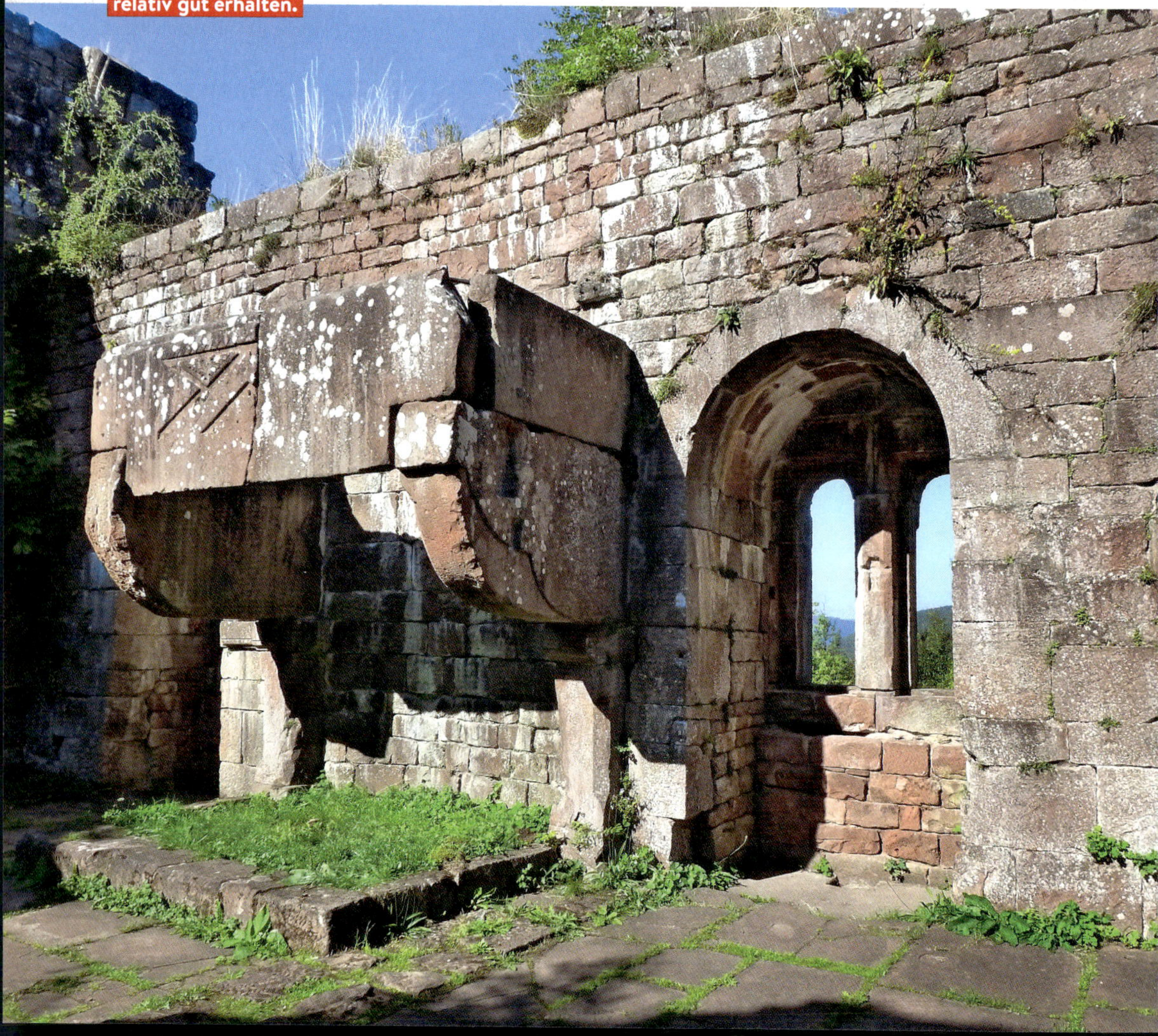

Vor lauter Grün sieht man die Burgruine fast nicht.

HOCH ÜBER DEM TAL DER MUD versteckt sich eine der bedeutendsten Burgen aus der Stauferzeit. Wildenberg, auch Wildenburg genannt, wurde vermutlich zwischen 1170 und 1200 von Ruprecht von Dürn, Gefolgsmann der Stauferkaiser und seit 1168 Vogt des Klosters Amorbach, erbaut. Wahrscheinlich ist, dass die Burg mit den Grundmaßen 40 mal 90 Meter im Jahr 1200 bereits stand, denn Ruprecht starb 1197 in Italien, wohin er Kaiser Heinrich VI. begleitet hatte. Konrad I., ein Enkel Ruprechts, vergrößerte die Burg und teilte sie später unter seinen drei Söhnen auf. Diese wirtschafteten allerdings schlecht und mussten den Besitz letztendlich 1271 aus Geldnot verkaufen. Neuer Besitzer war nun der Mainzer Erzbischof Gerhard von Epstein. Die Burg wurde im 16. Jahrhundert im Bauernkrieg in Schutt und Asche gelegt.

PARZIVAL Der fränkische Dichter und Minnesänger Wolfram von Eschenbach weilte Anfang des 13. Jahrhunderts auf Burg Wildenberg und verfasste dort Teile seines Monumentalwerks »Parzival«. Die Stauferburg soll ihn sogar zur »Gralsburg« inspiriert haben. Im fünften Buch seines Versromans wird der Kamin der Burg erwähnt. Dort

Auf diesem Pfad wandelte mal der Dichter Wolfram von Eschenbach.

Tür ins Nichts

heißt es: »Wer sah so große Feuer je / Hier bei uns in Wildenberg«. Teile des gigantischen Kamins im ehemaligen Rittersaal sind noch erhalten. Das Werk über den Artusritter Parzival und seine Suche nach dem heiligen Gral umfasst 25 000 paarweise gereimte Verse – in der Reclam-Ausgabe ganze 1440 Seiten!

WÜTENDE BAUERN brannten die einst mächtige Burg während des Bauernkriegs im Mai 1525 nieder. Und zwar unter der Führung des berüchtigten Götz von Berlichingen, dem »Ritter mit der eisernen Hand«, dem Goethe ein Vierteljahrtausend später in einem seiner Dramen die Worte, der Gegner möge ihn »im Arsch lecken« in den Mund legte. Eigentlich hatte der noble Ritter mit dem Aufstand der Bauern gegen Adel und Klerus nichts zu schaffen. Das Bauernheer »Odenwälder Haufen«, das selbst über keinerlei Kriegserfahrung verfügte, wusste jedoch, dass der alte Haudegen Götz von Berlichingen für jeden Kampf und Händel zu haben war. Sie überredeten den kampfeslustigen Ritter, die Führung zu übernehmen, und ernannten ihn zu ihrem Hauptmann. Nachdem die Burg in Schutt und Asche gelegt worden war, blieb sie eine Ruine. Goethe lässt in seinem Drama »Götz von Berlichingen« vom »großen Brand« berichten.

Das besondere Erlebnis

In Preunschen, einem Ortsteil von Kirchzell, befindet sich das Waldmuseum Watterbacher Haus (Dorfstr. 4). Dort zeigt ein Rekonstruktionsmodell, wie die Burg Wildenberg vor ihrer Zerstörung ausgesehen haben könnte (Öffnungszeiten Museum: April–Sept. Sa und So 11–17 Uhr und Okt.–März Sa und So 12–16 Uhr).

Die Höhle des Wilderers ist verschlossen und kann nur an bestimmten Tagen besichtigt werden.

28

DAS VERSTECK DES WILDERERS

Leichtweißhöhle in Wiesbaden

Die Höhle im Nerotal diente im 18. Jahrhundert als Unterschlupf für den Wilddieb Heinrich Anton Leichtweiß. Anderthalb Jahrhunderte später nutzte die Gestapo sie als Folterkeller.

Nerotal **Ort** 65193 Wiesbaden **GPS** 50.105354, 8.2218716
Anfahrt Bus 6 bis Nordfriedhof, dann ca. 1 km Fußweg

Ein Schild weist auf die Öffnungszeiten hin.

HEINRICH ANTON LEICHTWEISS (1723–1793) galt eigentlich als ehrbarer Bürger. Der gelernte Bäcker und Bürstenmacher war Wirt des Gasthauses »Zum Engel« in Dotzheim und betrieb zudem die Gemeindebäckerei sowie eine Bürstenmacherei. Der Vater von elf Kindern fungierte später auch als Gemeinderechner und »Herrschaftlicher Gelderheber« und war damit für die Eintreibung und Abrechnung der Gemeindegelder zuständig, die er beim Oberamt in Wiesbaden ablieferte. Im Mai 1788 wurde Leichtweiß plötzlich wegen Einbruchs, Wilddieberei und Wildbretdiebstahl verhaftet, musste dafür auf dem Wiesbadener Marktplatz für einige Stunden am Pranger stehen und wurde danach ins Zuchthaus am Michelsberg gebracht. Beweise, dass er tatsächlich einen Einbruch begangen und gewildert hatte, soll es nicht gegeben haben. Das Urteil beruhte auf schwachen Indizien. Hatte dem erfolgreichen Bürger jemand aus Neid etwas in die Schuhe geschoben? Am 30. Oktober des darauffolgenden Jahres wurde Leichtweiß entlassen, kehrte aber aus Scham nicht mehr zu seiner Familie zurück. Im damals noch unerschlossenen Waldgebiet des hinteren Nerotals entdeckte er eine Höhle und nutzte sie als Unterschlupf. Sein Dasein fristete er nun als das, was die Dotzenheimer seit seiner Verurteilung in ihm sahen: als Wilddieb. Heinrich Anton Leichtweiß wurde erneut verhaftet und im Februar 1792 ins Zuchthaus eingeliefert, wo er ein Jahr später starb. Die Höhle wurde später nach ihm benannt.

DIE KLEINE NATURHÖHLE geriet bald nach der Festnahme von Heinrich Anton Leichtweiß in Vergessenheit. Erst als Wiesbaden im 19. Jahrhundert zum mondänen Kurort avancierte, wollte die Stadt den Besuchern ungewöhnliche Attraktionen und Ausflugsziele bieten. Da Räubergeschichten gerade en vogue waren, baute man den einstigen Unterschlupf zu einer 30 Meter langen und 2 Meter hohen Räuberhöhle aus, richtete sie entsprechend ein und machte aus dem Wilderer Leichtweiß den gleichnamigen Räuberhauptmann. Der Schwarzbach erhielt einen künstlichen Wasserfall sowie eine hölzerne Brücke und der Höhlenwärter eine eigene, mit Rinde verkleidete Hütte. Selbst Kaiser Wilhelm II. und seine Gemahlin ließen es sich bei einem Wiesbaden-Aufenthalt nicht nehmen, der Höhle einen Besuch abzustatten. 1934 soll die Gestapo die Leichtweißhöhle kurzzeitig als Folterkeller genutzt haben. Nach dem Zweiten Weltkrieg fielen die Außenanlagen der Höhle dem Vandalismus zum Opfer, das Innere wurde von Wohnsitzlosen als Unterschlupf und Toilette genutzt. Die Höhle wurde schließlich geschlossen und nach einer Sanierung erst 1983 wieder eröffnet.

Das besondere Erlebnis

Nicht weit von der Leichtweißhöhle liegen der Krottenweiher und das Naturschutzgebiet Rabengrund – beide sind einen Ausflug wert.

Gewässer unterhalb der Höhle

Oberhalb der Höhle liegen große Felsen.

Der Pfad
zur Höhle

29

DER ALTE FRIEDHOF WIESBADEN

Oase unter alten Bäumen

Verloren stehen Grabmäler und Mausoleen zwischen Spielplätzen, Kletterlandschaften und uralten Bäumen. Wüsste man nicht, dass sich hier einst ein Friedhof befand, man würde es kaum merken.

Platter Straße 11b **Ort** 65193 Wiesbaden **GPS** 50.0893597, 8.2315657
Anfahrt Mit Bus 6 bis Rothstraße, dann ca. 200 m Fußweg

Längst vergessene Gräber auf dem Alten Friedhof, der heute ein Freizeitgelände ist

PLATZMANGEL NOCH UND NÖCHER Rund 260 Jahre lang bestatteten die Wiesbadener ihre Toten auf dem 1573 eingeweihten Friedhof an der Heidenmauer östlich der Coulinstraße. Da die Bevölkerung rasch anwuchs und ergo mehr Menschen starben, musste der Friedhof in den kommenden Jahrhunderten mehrmals erweitert werden. Als es in der ersten Hälfte des 19. Jahrhunderts auf dem Friedhof eng wurde und eine weitere Ausdehnung nicht möglich war, beschloss man, ihn im September 1832 zu schließen. Im selben Jahr wurde auf einer Anhöhe nordwestlich der Innenstadt der »Totenhof an der Platter Chaussee« eingeweiht. Neben »normalen Sterblichen« fanden hier Mitglieder aus dem Haus Nassau und zahlreiche prominente Wiesbadener Bürger ihre letzte Ruhestätte.

ALS EINER DER SCHÖNSTEN FRIEDHÖFE DEUTSCHLANDS galt der neue Friedhof dank seiner malerischen Lage, prächtigen Grüften und Grabmälern. Nicht einmal 50 Jahre und 27 000 Grabstätten später herrschte auch hier Platzmangel. So entstand 1877 eineinhalb Kilometer weiter nördlich der Nordfriedhof. Leichenhalle und Trauerkapelle verblieben aber zunächst auf dem Alten Friedhof – die Bestattungen auf dem Nordfriedhof erfolgten erst einmal von hier aus. Erst 1957 erhielt der Nordfriedhof ein eigenes Gebäude.

Wer hier wohl ruht? Die Inschrift lässt sich kaum entziffern.

Entlang der alten Friedhofsmauer stehen zahlreiche Grabmale.

Auf dem nun »Alten Friedhof« fanden nur noch Bestattungen in Familiengrüften statt – letztmals 1955. Danach wurde das weitläufige Gelände als Park genutzt.

VOM TOTENHOF ZUM FREIZEITPARK »ALTER FRIEDHOF« Die Stadt beschloss 1973, den Friedhof in einen Freizeitpark umzugestalten. Innerhalb der folgenden vier Jahre wurden Grabmäler entfernt und Spielplätze sowie Grillstellen angelegt. 128 Grabmäler blieben erhalten und im Rahmen der Umgestaltung an andere Stellen im Park versetzt, einige blieben dort stehen, wo sie waren, wie das Mausoleum von Herzogin Pauline von Nassau aus dem Jahr 1870. Die meisten, von Moos und Efeu überwucherten Grabdenkmäler befinden sich heute entlang der alten Friedhofsmauer. Im Jahr 2010 wurde der Freizeitpark erneuert und um Kletterlandschaft und Skatepark erweitert.

Unbekanntes Grabmal

PROMINENTE »BEWOHNER« Namhafte Politiker, Wissenschaftler, Architekten, Künstler und Schriftsteller wurden im 19. und frühen 20. Jahrhundert auf dem Alten Friedhof bestattet. Von einigen Grabmälern, die noch vorhanden sind, sind die Inschriften kaum mehr zu erkennen. Unübersehbarste Ruhestätte ist das 2007 restaurierte Mausoleum von Herzogin Pauline von Nassau, gebürtige Prinzessin von Württemberg, das sie mit ihrem Sohn und ihrer Schwiegertochter, Natalie von Merenberg, teilt. Die nicht standesgemäße Schwiegertochter Natalie, eigentlich Natalja Alexandrowna Puschkina, Tochter des russischen Nationaldichters Alexander Puschkin, erhielt nach der Eheschließung den eigens für sie geschaffenen Grafentitel von Merenberg. »Sein Weitblick prägte Wiesbaden« steht auf dem Grabmal von Oberbürgermeister Wilhelm Lanz – die Büste auf dem Ehrengrab fehlt. Seit Auflassung des Alten Friedhofs kam und kommt es immer wieder zu Vandalismus und Diebstahl von Grabschmuck. Zu den bekanntesten Ehrenbürgern, die hier bestattet wurden, gehört der Chemiker Carl Remigius Fresenius, Begründer des berühmten Instituts Fresenius. Das knapp dreieinhalb Meter hohe Grabmal aus schwarzem schwedischen Granit ist nicht zu übersehen. An der Nordmauer ragt das knapp 10 Meter hohe Ehrenmal für die Gefallenen des Deutsch-Französischen Krieges 1870/71 mit der Siegesgöttin Viktoria bis fast zu den Baumwipfeln auf.

Das besondere Erlebnis

Schauen Sie sich die prächtigen historischen Grabmäler und Skulpturen auf dem 20 Gehminuten entfernten Nordfriedhof an. Sie erreichen ihn über die Platter Straße.

Grab des berühmten Chemikers
Carl Remigius Fresenius

Das Fort Josef war Bestandteil des zweiten Festungsrings des barocken Mainz.

30

MAINZER UNTERWELTEN

Die unterirdischen Befestigungsanlagen des Forts Josef

Um Mainz mit einem zweiten Festungsring zu schützen, ließ Kurfürst Lothar Franz von Schönborn ab 1713 fünf neue Forts errichten. Eines davon war Fort Josef auf der Höhe des Linsenbergs. Dass sich unter seinen Überresten ein rund drei Kilometer langes Tunnelsystem befindet, lässt sich von außen nicht erahnen.

Fort Josef, Langenbeckstraße **Ort** 55131 Mainz **GPS** 49.9954673, 8.2565126, **Anfahrt** Ab Hauptbahnhof 500 m zu Fuß. **Bitte beachten** Der Besuch der »Unterwelten« ist nur im Rahmen einer Führung möglich. Feste Schuhe, Helm und Taschenlampe sind Pflicht (die letzteren beiden werden vor der Führung gestellt). Buchungen unter: www.mainzer-unterwelten.de

DIE STUFEN ZUR UNTERWELT Eine steile Treppe führt mehrere Meter unter die Erde in ein Labyrinth aus weit verzweigten Gewölbegängen, die zum einen als Minengänge, zum anderen als Versorgungsgänge ins Stadtzentrum dienten. Die Raumtemperatur liegt bei 11 Grad Celsius, die Luftfeuchtigkeit ist hoch. Die barocken Gänge sind eng, grob geschlagen und dunkel. Allein der Schein der Taschenlampe leuchtet den Weg. Der Boden ist uneben, die Deckenhöhe stellenweise nur 1,50 Meter – hier ist ein Vorwärtskommen nur in gebückter Haltung möglich. Nichts für Klaustrophobie-Geplagte. Mal geht es nach rechts, mal nach links, mal kommt eine Stufe – es ist leicht, in diesem Labyrinth die Orientierung zu verlieren. Viele Gänge sind miteinander verbunden, andere führen nirgendwohin, andere zu kleinen Kammern, in denen einst Schwarzpulver lagerte. Im Fall der Fälle, der jedoch nie eintrat, bestand so die Möglichkeit, das gesamte Fort in die Luft zu sprengen, um zu verhindern, dass feindliche Truppen es einnahmen.

LUFTSCHUTZRAUM, NOTQUARTIER UND ABENTEUERSPIELPLATZ Während des Zweiten Weltkriegs fanden bei Fliegeralarm mehr als 3600 Menschen Zuflucht in den barocken Gängen und Gewölben. In den schmalen Minengängen standen entlang der Wand dünne Holzbänke, auf denen die Schutzsuchenden zusammengekauert saßen und das Ende der Bombardierungen abwarteten. Aus jener Zeit stammen Phosphor-

Die Mauer des Forts ist von Efeu überwuchert.

In den unterirdischen Gängen ist es recht düster.

markierungen an den Wänden, deren Farbreste noch heute leuchten, wenn man sie mit der Taschenlampe anstrahlt. Nach den zahlreichen Bombardierungen im Zweiten Weltkrieg war die Mainzer Innenstadt zu 80 Prozent zerstört. Die Wohnungsnot war so akut, dass zahlreiche Menschen Unterschlupf in den unterirdischen Gängen suchten. In der Nachkriegszeit entdeckten Kinder und Jugendliche die dunklen Gänge für sich als Abenteuerspielplatz. »Treffpunkt der Mainzer Buben« und »den Kilometer« nannte Franz Bissinger die verlassene Kasematte unter dem Fort Josef in seinem Buch »Mainzer Erinnerungen«. Für Teenager waren die Unterwelten beliebter Treffpunkt für heimliche Knutschereien – seinerzeit in der Öffentlichkeit ein No-Go. Manche haben sich auf Mauern mit Initialen, Namen und Zeichnungen verewigt. Während des Kalten Krieges wurden die unterirdischen Anlagen 1963 von der Stadt Mainz auf die Nutzung als Luftschutzräume geprüft und im Fort Josef teilweise entsprechend ausgebaut. Im Lauf der Jahrzehnte gerieten die Gewölbe und Gänge in Vergessenheit, fielen dem Vandalismus anheim oder wurden von Mainzer Vereinen übernommen und dienten als Vereinsheime, wie zum Beispiel das Fort Hauptstein.

DIE UNTERWELTEN HEUTE Als der Mainzer Autor Rainer Sauer, der unter dem Pseudonym Jean C. Becker Kriminalromane schreibt, für sein Buch »Tod in der Unterwelt« (2007) in den Mainzer Unterwelten recherchierte, war er von den unterirdischen Gewölben so begeistert, dass er Kontakt zur Stadt Mainz aufnahm und einen Nutzungsvertrag abschloss. Die Stadt erwartete als Gegenleistung die Gründung eines gemeinnützigen Vereins. Daraufhin wurden 2012 die »Mainzer Unterwelten e. V.« ins Leben gerufen. Die Gänge und Gewölbe waren feucht, von Schimmel befallen und mussten vielerorts von Bauschutt geräumt werden. Nach Trockenlegung und Instandsetzung sowie dem Ausbau mit Entfeuchtungsgeräten wurden die ersten Touren durch die labyrinthartige Unterwelt des Fort Josef angeboten.

Gruseliger Fund? Mitnichten! Überbleibsel aus dem Museum, das hier mal war

Das besondere Erlebnis

Viel Spannung verspricht eine Tour mit dem Krimi-Autor Jean C. Becker, der auf den Spuren seiner Krimis durch die Unterwelten führt (Infos und Anmeldung: www.mainzer-unterwelten.de).

31

DIE RÜSSELSHEIMER LYNCHMORDE

Die Gedenkstätte in der Grabenstraße

Am 26. August 1944 entlud sich in der Stadt am Main die Mordlust eines Mobs an acht amerikanischen Fliegern. Es war die Rache für einen vorangegangenen britischen Bombenangriff – mit dem die Amerikaner allerdings nichts zu tun hatten. Nur zwei überlebten das Massaker.

Grabenstraße (beim Parkplatz) **Ort** 65428 Rüsselsheim **GPS** 49.9926616, 8.417717
Anfahrt Ab Hbf. Rüsselsheim

Porträts der jungen amerikanischen Flieger, von denen sechs einen grausamen Tod fanden

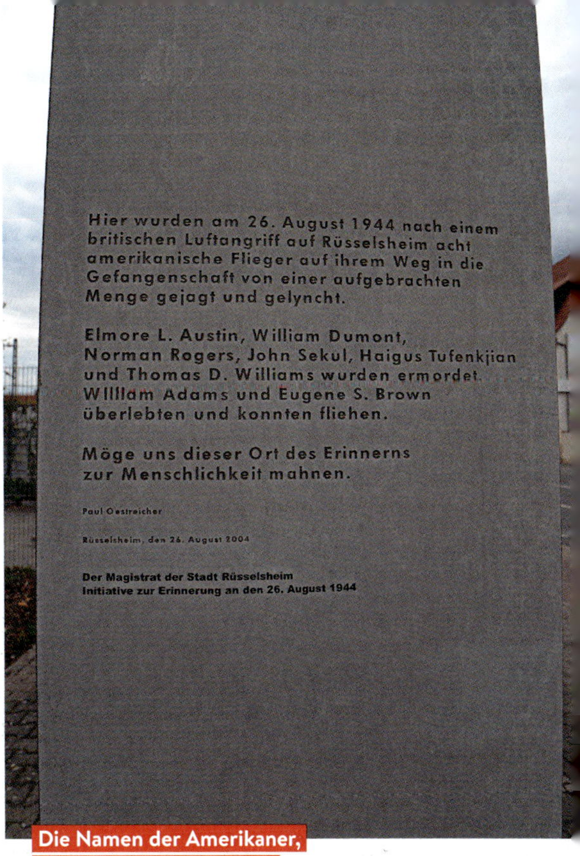

Die Namen der Amerikaner, die an der Mauer starben

WHAM! BAM! THANK YOU, MA'M So lautete die Aufschrift auf der viermotorigen »Consolidated B-24 Liberator« der US Army Air Force, die am Donnerstag, dem 24. August 1944 im englischen North Pickenham zum Tagesangriff startete. Zusammen mit mehr als 2000 weiteren Flugzeugen, um ein Gebiet nördlich von Hannover zu bombardieren. An Bord befanden sich der Pilot Norman J. Rogers, sein Co-Pilot John N. Sekul, der Funker Thomas D. Williams, die Bordschützen William A. Dumont, Elmore L. Austin, William M. Adams und Sidney E. Brown, der Bordingenieur Forest W. Brininstool und der Bombenschütze Haigus Tufenkjia. Nachdem sie ihre Bomben abgeworfen hatten, wurde ihre Liberator von der Flugabwehr getroffen und manövrierunfähig. Die Besatzung konnte sich vor dem Absturz mit dem Fallschirm retten, landete nicht weit von einem Bauernhof, wurde aber wenig später von der Wehrmacht gefangen genommen. Forest Brininstool, der durch ein Schrapnell im Unterleib verwundet war, wurde in ein Lazarett gebracht. Für seine Kameraden stand am nächsten Tag der Transport ins Durchgangslager der Luftwaffe in Oberursel an. Per Bahn. Die Zugfahrt war am Morgen des 26. August kurz vor Rüsselsheim zu Ende, da die Gleisanlagen bei Bombardierungen in der Nacht zuvor zerstört worden waren. Die acht Gefangenen und ihre Bewacher, zwei deutsche Soldaten, verließen den Zug, um einen Teil der Strecke zu Fuß zurückzulegen. Am anderen Ende der Stadt, wo die Gleise nicht beschädigt waren, sollte der Transport mit einem anderen Zug weitergehen. So marschierten die acht US-Flieger mit ihren Bewachern durch die zerbombte Innenstadt und waren zur falschen Zeit am falschen Ort.

DER ZORN DES MOBS In der Nacht zum 26. August 1944 um 0.52 Uhr startete die britische Luftwaffe einen Bombenangriff auf die Opel-Werke in Rüsselsheim, wo seit Kriegsbeginn der »Blitz S«, der wichtigste Lkw der Wehrmacht, sowie Teile für Torpedos, Raketen und Komponenten für Flugzeuge hergestellt wurden. Bei dem knapp einstündigen Angriff wurden große Teile der Stadt zerstört. Als die gefangenen Amerikaner am Morgen von zwei Wehrmachtssoldaten durch Rüsselsheim geführt wurden, traf sie die geballte Wut der Bevölkerung. Zwei Rüsselsheimerinnen beschimpften sie als Terrorflieger, schrien: »Reißt sie in Stücke! Schlagt sie tot! Sie haben unsere Häuser zerstört« und droschen mit Ziegelsteinen auf die Gefangenen ein. Die beiden Bewacher ließen sie gewähren. Der zornige Mob wuchs an, warf Steine und jagte die Amerikaner durch die Straßen. Die Situation eskalierte, als der Ortsgruppenleiter Joseph Hartgen zu der rasenden Meute stieß. Er stachelte sie an, die Gefangenen totzuschlagen. Die acht jungen Flieger rannten um ihr Leben in die Grabenstraße und entlang der Mauer, die die Straße von den Schienen trennte. Dort kreiste der mittlerweile hundertköpfige Mob sie ein und schlug immer weiter mit Holzlatten, Schaufeln, Knüppeln und Eisenstangen auf die wehrlosen Amerikaner ein, die sich schützend an der Mauer zusammenkauerten.

DAS MASSAKER AN DER MAUER Drei Fabrikarbeiter, die von der anderen Seite der Gleise dazukamen, warfen Steine auf die Gefangenen, einer schlug ihnen mit dem Hammer auf den Kopf. Als die acht bereits blutend und leblos am Boden lagen, schoss Hartgen einigen von ihnen in den Kopf. Anschließend befahl er ein paar Hitlerjungen aus der Meute, einen Bauernkarren für den Abtransport der vermeintlichen Leichen herbeizuschaffen. Die leblosen Körper wurden wenig später auf den Karren geworfen und zum Waldfriedhof gezogen. Als einer der Totgeglaubten ein Lebenszeichen von sich gab, wurden ihm Schläge auf den Kopf versetzt, bis er keinen Ton mehr von sich gab. Dass es in diesem Moment einen Fliegeralarm gab und die Männer, die den Wagen zogen, in einen Bunker flüchteten, rettete Will Adams und Sidney Brown, die sich tot gestellt hatten, das Leben. Sie krochen schwer verletzt unter ihren toten Kameraden hervor und flohen über die Friedhofsmauer. Vier Tage später gerieten die beiden zwar erneut in Gefangenschaft, aber sie überlebten und kehrten nach dem Krieg in die USA zurück. Die anderen sechs wurden am nächsten Tag von russischen Zwangsarbeitern in einem Gemeinschaftsgrab verscharrt.

FUND DER ERMORDETEN FLIEGER Als amerikanische Truppen am 25. März 1945 Rüsselsheim besetzten, wurde ihnen von Zwangsarbeitern von einem Massaker an vermeintlichen britischen Soldaten berichtet, die auf dem Waldfriedhof begraben worden waren. Die Amerikaner öffneten das Grab und stellten anhand der Uniformen und Erkennungsmarken fest, dass es keine Briten, sondern Soldaten der amerikanischen Luftwaffe waren. Ab Mai 1945 richtete die US-Armee in Wiesbaden das »War Crimes Evidence and Investigation Center« ein sowie im Juni eine Abteilung für Kriegsverbrechen mit der Hauptaufgabe, Verbrechen gegen alliierte Kriegsgefangene zu untersuchen. Der Lynchmord an den sechs Fliegern der amerikanischen Luftwaffe war der erste Fall, bei dem deutsche Zivilisten nach Ende des Krieges vor ein amerikanisches Militärgericht gestellt wurden.

ANKLAGE, PROZESS UND URTEIL Der Prozess fand im Juli 1945 in Darmstadt statt. Neun Männer und zwei Frauen mussten sich vor Gericht verantworten. Dank der Hilfe des Rüsselsheimer Nachkriegsbürgermeisters war es gelungen, die elf Hauptverdächtigen zu identifizieren und Augenzeugen aufzutreiben, die deren Beteiligung am Lynchmord bestätigten. Die Verteidigung argumentierte, dass die Angeklagten durch die Goebbels-Propaganda, die das deutsche Volk zu Repressalien gegen abgeschossene alliierte Piloten ermuntert hatte, zu dem Verbrechen angestiftet worden waren und dass sie deshalb für ihre Taten keine Schuld zu tragen hätten. Der Staatsanwalt, Oberstleutnant Leon Jaworski, der drei Jahrzehnte später als Sonderstaatsanwalt im Watergate-Skandal berühmt wurde, beharrte auf der individuellen Verantwortung der Angeklagten für den Mord: »Sie waren alle erwachsene Männer und Frauen. Wenn sie von Goebbels oder sonst jemandem dazu aufgefordert wurden, einen Mord zu begehen und dem Folge leisteten, sind sie dafür genauso verantwortlich wie alle anderen Mörder.«

Vier der Steine (die helleren), stammen aus der Originalmauer, an der die Amerikaner den Tod fanden.

Am 2. August 1945 wurden sieben der Angeklagten, darunter Joseph Hartgen, zum Tod durch Erhängen verurteilt. Drei bekamen lange Zuchthausstrafen, einer wurde freigesprochen. Das Todesurteil gegen die beiden Frauen wurde wenig später in eine Gefängnisstrafe von 30 Jahren umgewandelt. Hartgen und seine Kumpanen wurden am 10. November 1945 hingerichtet. Dass zwei der acht US-Flieger das Massaker überlebt hatten, wurde erst nach dem Prozess bekannt. Die beiden Überlebenden erfuhren erst von den Urteilen, als sie längst wieder in den USA waren.

DAS MAHNMAL Im August 2004, 60 Jahre nach dem Lynchmord, gedachte die Stadt der furchtbaren Tat mit einem Mahnmal aus einer 4 Meter langen und 2 Meter hohen Ziegelsteinmauer. Vier Steine sind Originale aus der Mauer, an denen die US-Flieger 1944 zu Tode geprügelt wurden. Auf der Rückseite des Mahnmals sind überlebensgroße Porträts der acht Amerikaner zu sehen, eine Tafel weist auf das Verbrechen hin und nennt die Namen der Soldaten. Das Mahnmal steht dort, wo sich die Todesmauer einst befand. Die Enthüllung des Mahnmals fand unter Anwesenheit des ehemaligen Bordschützen und Überlebenden des Massakers, Sidney E. Brown statt, der als Neunzehnjähriger dachte, dass er an dieser Mauer sterben würde.

Das besondere Erlebnis

Erfahren Sie im Stadt- und Industriemuseum Rüsselsheim (Hauptmann-Scheuermann-Weg 4), wie aus der Handwerkerfamilie Opel eine Automobil-Dynastie entstand.

Die alte Opel-Rennstrecke ist seit Jahrzehnten zugewuchert.

32

TESTSTRECKE DES RAKETENFAHRZEUGS

Alte Opel-Rennbahn Rüsselsheim

Deutschlands erste Autorennarena galt in den 1920er-Jahren als schnellste Rennstrecke Europas. Davon ist heute nicht mehr viel zu erkennen – die Natur hat sich den verlassenen Ort im Wald längst zurückerobert.

Alte Opel-Rennbahn **Ort** 65428 Rüsselsheim **GPS** 49.970946, 8.4082238
Anfahrt Ab Rüsselsheim B519 und L3012 bis Parkplatz Opel-Rennbahn

BAU DER RENNSTRECKE Dass Opel seine Testfahrten mit neuen Automobilmodellen im frühen 20. Jahrhundert in der Rüsselsheimer Innenstadt durchführen ließ, nervte die betroffenen Straßenanwohner ganz schön. Nicht nur über den unerträglichen Lärm gab es Beschwerden, sondern auch über die gefährliche Raserei. Als sich schließlich der Großherzog 1915 einschaltete und Opel bat, eine eigene Verkehrsstrecke für die Testfahrten anzulegen, ließ der Autohersteller 1916/17 eine Renn- und Teststrecke am Waldrand etwa 2 Kilometer südlich von Rüsselsheim bauen. Das 1,5 Kilometer lange Betonoval mit hohen Steilwandkurven und einer Streckenbreite von 12 Metern war 1919 fertig – die feierliche Einweihung mit 10 000 Zuschauern fand ein Jahr später statt. Werktags wurde sie als Test- und am Wochenende als Rennstrecke genutzt. Bis zu 140 Stundenkilometer waren auf der Rennbahn möglich – damals eine Wahnsinnsgeschwindigkeit. In Spitzenzeiten lockten Auto-, Fahrrad- und Motorradrennen bis zu 50 000 Besucher an.

EXPERIMENTE MIT DEM RAKETENFAHRZEUG Im Jahr 1927 suchte der Südtiroler Astronom Max Valier bei Fritz von Opel, dem Enkel des Firmengründers, Unterstützung für seine Forschung an einem Raketenmotor. Der Rüsselsheimer war sogleich Feuer und Flamme für den Raketenmotor, beteiligte sich an dem Projekt und holte dazu den pyrotechnischen Ingenieur Friedrich Wilhelm Sander an Bord. Zusammen mit Opel-Werksingenieur und Testfahrer Kurt C. Volkhart entwickelten die drei das erste Fahrzeug mit Raketenantrieb. Der mit zwölf Sander-Feststoffraketen bestückte »RAK 1« wurde am 12. März 1928 erstmals getestet und am 11. April auf der Opel-Rennbahn der Öffentlichkeit präsentiert. Am Steuer saß Volkhart, der den donnernden und qualmenden RAK mit 125 Stundenkilometern die Steilwand entlangsteuerte. Nach dem umjubelten Erfolg beschlossen die Raketen-Pioniere weitere Experimente mit höheren Geschwindigkeiten. Es entstand der RAK 2 mit größeren Flügeln und 24 Feststoffraketen, der einen neuen Rekord aufstellen sollte.

Aussichtsplattform mit Infotafeln an der Rennstrecke

Teil der erhaltenen Rennstrecke

Fritz von Opel wählte für die Rekordfahrt die AVUS in Berlin, da die Opel-Rennbahn nicht über Geraden verfügte, die lang genug waren. Er steuerte den RAK 2, der einer schwarz lackierten Zigarre ähnelte, selbst und schaffte mit einer Höchstgeschwindigkeit von 238 Stundenkilometern einen neuen Streckenrekord. Er hatte nun den Spitznamen »Raketen-Fritz« weg. Die RAK 3, eine Raketen-Draisine, stellte im Juni 1928 mit 256 Stundenkilometern einen Geschwindigkeitsrekord für Schienenfahrzeuge auf. Letztendlich konnten sich die Raketenfahrzeuge jedoch nicht durchsetzen.

DAS ENDE DER RENNBAHN Nach Eröffnung des Nürburgrings 1927 und des Hockenheimrings 1932 verlor die Rennstrecke ab den 1930er-Jahren an Bedeutung für den Rennsport. Immer weniger Rennen fanden statt. Auch für Testfahrten war die Strecke nicht mehr interessant, denn 1935 gab es im Opelwerk eine neue Teststrecke. Nach dem Zweiten Weltkrieg wurde das Betonoval kurzzeitig von der US Army genutzt. Opel ließ den Pachtvertrag für das Gelände 1949 auslaufen und die nun verwaiste Rennstrecke wurde der Natur überlassen, verfiel und wucherte zu. Das Gelände liegt heute in einem Wasserschutzgebiet, in dem die Besitzer, die Mainzer Stadtwerke, Trinkwasser fördern. Viel ist von der einstigen Rennbahn nicht mehr zu sehen. Lediglich ein Teil der Nordkurve wurde freigelegt und ein Aussichtspodest für Besucher montiert.

Das besondere Erlebnis

Die Plattform an der Rennbahn bietet einen fantastischen Blick auf die im Lauf der Jahrzehnte zugewucherte Rennbahn. Schautafeln zeigen, wie sie einst aussah und erzählen von der Geschichte.

33

SCHÄDEL UND KNOCHEN

Das Beinhaus der Michaelskapelle in Oppenheim

Seit Jahrhunderten befinden sich im Gewölbekeller der kleinen Michaelskapelle die Gebeine von 20 000 Menschen. Ganz schön schaurig, der Blick auf den gigantischen Knochenberg!

Katharinenstraße 1 **Ort** 55276 Oppenheim **GPS** 49.8541739, 8.3542563 **Anfahrt** Ab Bahnhof Oppenheim 600 m zu Fuß **Bitte beachten** Das Beinhaus ist nicht öffentlich zugänglich, ist aber durch ein Gitter einsehbar. Hinein kommt man nur im Rahmen einer Führung. Info: www.katharinen-kirche.ekhn.de

Tor zum Ossarium

KNOCHEN NOCH UND NÖCHER Bis an die Gewölbedecke stapeln sich Schädel und Röhrenknochen auf rund 70 Quadratmetern. Warum sie hier liegen? Kriege, Seuchen und Hungersnöte sorgten in den vergangenen Jahrhunderten für immer mehr Tote. Als es in Oppenheim schlichtweg keinen Platz für Grabstätten mehr gab, entschloss man sich im frühen 15. Jahrhundert dazu, die Skelette Verstorbener nach einer bestimmten Liegezeit vom Friedhof ins Kellergewölbe der Michaelskapelle umzubetten. Die Knochen und Schädel wurden dabei geschichtet, um Platz zu sparen. Bis 1750 fanden hier die Gebeine von 20 000 Menschen in gesegnetem Raum ihre letzte Ruhestätte und machten das Beinhaus zum größten seiner Art in Deutschland. Wann die zweigeschossige, dem Erzengel Michael geweihte Totenkapelle auf der Nordseite der Katharinenkirche erbaut wurde, ist nicht bekannt. Man nimmt an, dass es um 1400 war.

IM ZUGE DER REFORMATION verloren Reliquien und Ossarien an Bedeutung, denn das Heil der Verstorbenen wurde im Protestantismus allein Gott überantwortet. Das führte dazu, dass vielerorts Skelette aus

Michaelskapelle

Unzählige Schädel und Knochen stapeln sich bis zur Gewölbedecke.

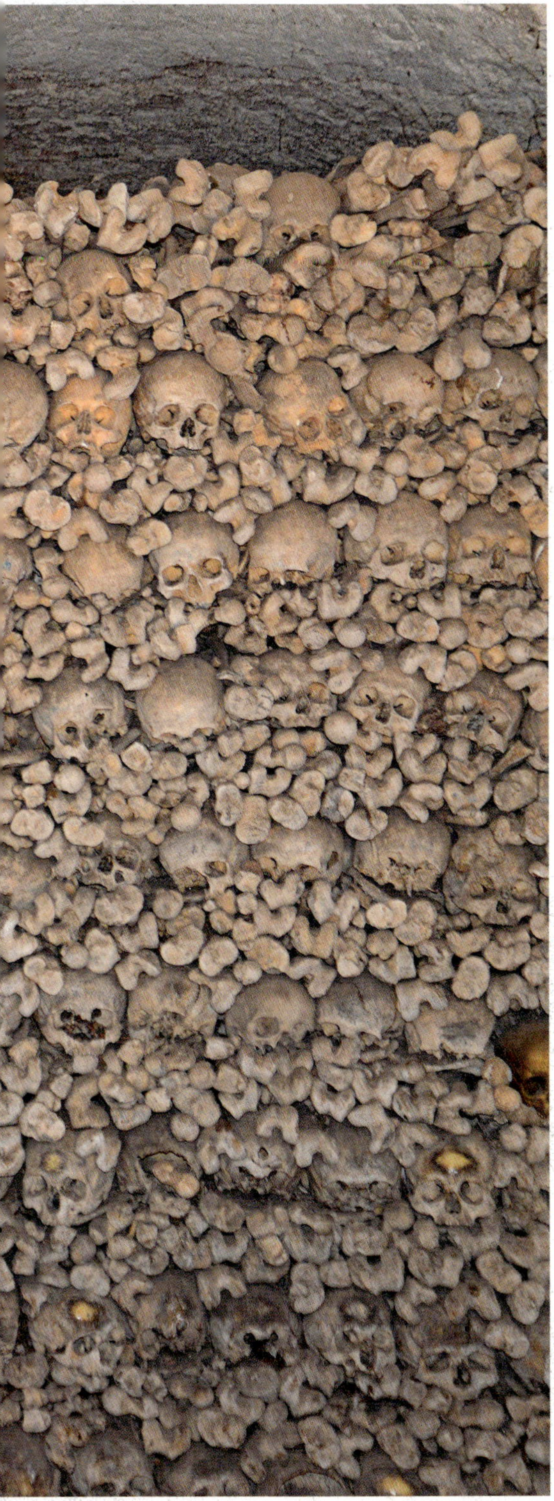

Beinhäusern verschwanden. Nicht so in Oppenheim. Dort änderte sich am katholischen Brauch nichts, als die Katharinenkirche im Jahr 1565 protestantisch wurde. Neuer Glaube hin oder her, wenn es um die Auferstehung ging, waren sich die Oppenheimer einig und setzten sich erfolgreich gegen die Kirche durch.

DER SPUK IM BEINHAUS Einer Legende nach sollen sich am Vorabend des Siebenjährigen Krieges im August 1756 (andere Quellen sprechen vom Vorabend des Dreißigjährigen Krieges 1618) die ungeordneten Knochen um Mitternacht erhoben und in Schlachtreihen aufgestellt haben, bereit zum Kampf gegeneinander. Mit Ende der Geisterstunde war der »Krieg der Gebeine« vorbei und die knöchernen Heere sollen krachend in sich zusammengefallen sein. Nicht gespenstisch ist der golden angemalte, wenn auch echte menschliche Schädel, der mitten aus dem Knochenberg herauslugt. Er ist das Überbleibsel aus einem Filmdreh im Beinhaus und wurde nach den Dreharbeiten dort zurückgelassen.

Das besondere Erlebnis

Die größte Sehenswürdigkeit Oppenheims ist das Kellerlabyrinth aus bis zu fünf Stockwerken tiefen Kelleranlagen aus dem 13. bis 17. Jahrhundert. Zahllose Gänge verbinden Keller, die zum Teil in mehreren Stockwerken übereinander liegen. Ganz erforscht ist das Oppenheimer Kellerlabyrinth längst nicht. Fachleute vermuten, dass zahlreiche weitere Häuser in der historischen Altstadt durch unterirdische Gänge und Treppen miteinander verbunden sind. Etwa 600 Meter der »Unterwelt« rund um das Rathaus können im Rahmen einer Führung erkundet werden (Infos: www.stadt-oppenheim.de/buchen).

Burg Wildenberg (Kapitel 27)

Der ehemalige Richthofenbunker
in Darmstadt (Kapitel 22)

REGISTER

L

M

N

O

P

R

S

T

U

V

W

Z

IMPRESSUM

Verantwortlich: Cornelius Traub
Redaktion und Lektorat: Franka Virteburch
Korrektorat: Ralf J. Klumb | The Wordworms
Layout: BUCHFLINK Rüdiger Wagner, Nördlingen
Covergestaltung: Rudi Stix
Kartografie: Bruckmann Verlag GmbH, Heidi Schmalfuß
Repro: LUDWIG:media
Herstellung: Alexander Knoll
Printed in Slovenia by Florjancic

★★★★★

Sind Sie mit diesem Titel zufrieden? Dann würden wir uns über Ihre Weiterempfehlung freuen.
Erzählen Sie es im Freundeskreis, berichten Sie Ihrem Buchhändler, oder bewerten Sie bei Onlinekauf. Und wenn Sie Kritik, Korrekturen, Aktualisierungen haben, freuen wir uns über Ihre Nachricht an Bruckmann Verlag, Postfach 40 02 09, D-80702 München oder per E-Mail an lektorat@verlagshaus.de.

Unser komplettes Programm finden Sie unter www.bruckmann.de

In diesem Buch wird aus Gründen der besseren Lesbarkeit das generische Maskulinum verwendet. Weibliche und anderweitige Geschlechteridentitäten werden dabei ausdrücklich mitgemeint, soweit es für die Aussage erforderlich ist.

Empfehlung der Redaktion Sie sind auf der Suche nach weiterführender Literatur? Dann empfehlen wir Ihnen den Titel »Lost & Dark Places Mannheim & Heidelberg« von Cornelia Lohs. Oder Sie werfen einen Blick in die Zeitschrift BERGSTEIGER. Hier werden Sie bestimmt fündig.

Bildnachweis Alle Bilder im Innenteil stammen von der Autorin, mit Ausnahme von: S. 16–21 Fraport AG; S. 27 shutterstock/Rainer Lesniewski; S. 60–61 Archäologisches Museum Frankfurt; S. 74–77 Bunker Ilbenstadt e. V.; S. 96–99 Sabine Ludwig; S. 108–113 Odenwald Tourismus GmbH; S. 115–117 Volksbund Hessen; S. 122–127 Odenwald Tourismus GmbH; S. 146–149 Stadt Rüsselsheim am Main/Frank Hüter; 154–155 Odenwald Tourismus GmbH.
Umschlagvorderseite: Burgruine Wildenberg im Odenwald (Kapitel 27)^
Umschlagrückseite: Schiffswrack »Natur Ship MS Heimliche Liebe« in Frankfurt

Die Deutsche Nationalbibliothek verzeichnet diese Publikation in der Deutschen Nationalbibliografie; detaillierte bibliografische Daten sind im Internet über http://dnb.d-nb.de abrufbar.

ISBN: 978-3-7343-2440-6